Marie-Luise Soltmann

Im Kreis
um die kosmische Mitte

Meditatives Tanzen

Verlag Hermann Bauer
Freiburg im Breisgau

CIP-Titelaufnahme der Deutschen Bibliothek

Soltmann, Marie-Luise:
Im Kreis um die kosmische Mitte : meditatives Tanzen /
Marie-Luise Soltmann. – Freiburg im Breisgau : Bauer, 1989
ISBN 3-7626-0368-5

Mit 197 Zeichnungen von Günther Borchert.

1989
ISBN 3-7626-0368-5
© 1989 by Verlag Hermann Bauer KG, Freiburg im Breisgau.
Schutzumschlag: Günther Borchert, Teningen.
Satz: Typobauer Filmsatz GmbH, Scharnhausen.
Druck und Bindung: May + Co, Darmstadt.
Printed in Germany.

Ich lebe mein Leben in wachsenden Ringen,
Die sich über die Dinge ziehn.
Ich werde den letzten vielleicht nicht vollbringen,
Aber versuchen will ich ihn.

Ich kreise um Gott, um den uralten Turm,
Und ich kreise jahrtausendelang;

Und ich weiß noch nicht:
Bin ich ein Falke,
Ein Sturm
Oder ein großer Gesang.

Rainer Maria Rilke: *Das Stundenbuch*

Inhalt

Vorwort 13

Theoretische Grundlagen des Meditationstanzes

Tanz als religiöse Ausdrucksform 15

Meditativer Tanz 16

Die Erfahrungselemente im meditativen Tanz 18
Der Körper 18 · Der Raum 18 · Die Zeit 19 · Die Musik 20 · Die
Gruppe 26 · Die innere Erfahrung 27

Die Symbolik im Tanz 27
Die Sonne 27 · Der Mond 29 · Die Sterne 32 · Der Kreis 33 · Das
Rad 36 · Das Kreuz 38 · Die Spirale 39 · Das Labyrinth 40 · Die
Schlange 41 · Die Prozession 42 · Zahlensymbolik 42

Zur Symbolik der Tänze mit Material 45
Bänder 45 · Kerzen 45 · Stäbe 46 · Tücher 47

Die Praxis des Meditationstanzes

Körperbewußtsein und Bewegungselemente 48
Die Position 48 · Die Handfassung 49 · Die Gebärde 50 · Die
Schritte 51 · Die Tanzrichtung 52

Die Tanzform 53
Die Musik 54 · Tanzform und Sprache 54 · Der Tanzraum 55

Meditationstanzmodelle 56
Gruppenorientierter Tanz 56 · Bewegungsorientierter Tanz 57 ·
Meditationsorientierter Tanz 57 · Themenorientierter Tanz 58 ·
Ritualtanz 63

Entwicklung von Meditationstänzen 64
Beispiel 1: Bach-Choral 64 · Beispiel 2: Kirschblütenzeit – ein
Bändertanz 68 · Beispiel 3: Dialog mit dem Kosmos – Moderne
Sphärenmusik 69

Die Weitergabe von Meditationstänzen in der Gruppe   73
Die Funktion des Leiters 73 · Die Gruppe 74

Tanzbeschreibungen

Einführende Bemerkungen 76
Der Schwierigkeitsgrad der Tänze 76 · Tanzsprache 76 · Die
Schritte 76 · Die Zusammenstellung eines Tanzrepertoires 77 ·
Die Musikauswahl 77 · Tänze mit Material 78

Geistliche Tänze 80
Vaterunser (Kirchentag) 80 · Vaterunser (russisch-byzantinisch) 81 · Vaterunser (Assisi) 83 · Lobet den Namen des Herrn:
Halleluja! 84 · Seligpreisungen 85 · Tanz der Fürbitte 86 · Glok-
kengeläut im Prozessionsschritt (Kerzentanz) 87 · Halleluja (Kerzentanz) 88 · Anbetung 89 ·

Liturgische Tänze 90
Ehre sei dem Vater 90 · Kyrie (gesungen) 91 · Kyrie (Palestrina) 92 · Kyrie (Cardoso) 94 · Sanctus aus der h-Moll-Messe
von Bach 95 · The Bread of Life (Das Brot des Lebens) 96 ·
Druidengesang (Tuchtanz) 98

Taizé getanzt 99
Adoramus Te Domine 99 · Laudate omnes gentes 100 · Confite-
nimi dominum 102 · Oh Christe Domine Jesu 104 · Bleibet
hier 105 · Veni sancte spiritus 106 · Ubi caritas 107

Getanzte Kirchenlieder 108
Nun komm, der Heiden Heiland (Kerzentanz) 108 · Großer
Gott, wir loben Dich 110 · Komm her, freu dich mit uns 111

Adventstänze 112
Verkündigung an Maria 112 · Syt willekomen heirre krist 114 ·
Weihnachtschoräle im Prozessionsschritt 115 · Ave Maria, gratia
plena 116 · Maria durch ein Dornwald ging 118

Weihnachtstänze 120
In einem krippfly lag ein kind 120 · In Dulci Iubilo 122 · Krippenlandler (Kerzentanz) 124 · Marienhymne 125 · Weihnachtskonzert nach Torelli (Kerzentanz) 126 · Ich steh an Deiner Krippen hier (Kerzentanz) 127 · Der Trommler (Tuchtanz) 128

Passionstänze 130
In meines Herzens Grunde 130 · Prozession mit Chorälen aus der
Johannespassion 132 · Stabat Mater (Tuchtanz) 136 · Miserere
(Kerzentanz) 138 · Bach-Wege (Kobialka/Bach) · O Haupt voll
Blut und Wunden 144

Ostertänze 145
Ostergesang im Mönchsschritt 145 · Christe, Du Lamm Got-
tes 148 · Kyrie I und Gloria I 149 · Maria Magdalena 150 ·
Magdalena 152 · Christus ressurrexit 153 · Ode an die Freude
(Kobialka/Beethoven) 154 · Wir wollen alle fröhlich sein 156 ·
Gelobt sei Gott im höchsten Thron 158

Tänze zum Totengedenken 160
Erinnern 160 · Marsch des Todes (Stabtanz) 162 · Das Geleit
(Stabtanz) 164 · Tortanz 166 · Reigen seliger Geister 168

Frühlingstänze 170
Lerche 170 · Kirschblütentanz (Bändertanz) 172 · Streifzug
durch die Wiese 174 · Kuckuck 176

Sommertänze 177
Rosenbeet 177 · Ährenfeld 179 · Elfentanz 180

Herbsttänze 181
Wind in den Bäumen (Tuchtanz) 181 · Drachenflug (Bändertanz) 182 · Sturm 184

Wintertänze 185
Tanz der Schneeflocken 185 · Eistanz 186 · Schneeschmelze 187

Tänze zu klassischer Musik 188
Hoffnung (Haydn) 188 · Lebensrad (Molter) 189 · Bach-Ga-
votte 190 · Die Hungrigen füllt Er mit Gütern (Bach) 191 ·
Spaziergang (Bach) 193

Tänze zu Themen aus der Natur 194
Earth Grin (Das Lächeln der Erde) 194 · Vollmond 195 · Spuren 197 · Baumtanz 198 · Lied der Erde 200 · Sonne 202 · Strahlen der Sonne 203 · Sternentanz 204 · Wellentanz (Tuchtanz) 206 · Der Mond ist aufgegangen 207

Tänze für ältere Menschen 209
Tanz der Oboe (Kerzentanz) 209 · Lob und Preis (Kerzentanz) 210 · Rosette (Kerzentanz) 211

Kanontänze 212
Herr, bleibe bei uns 212 · Danket, danket dem Herrn 214 · Halle-
luja 216 · Sende dein Licht und deine Wahrheit 218 · Jubilate
Deo 220 · Lobet und preiset, ihr Völker, den Herrn 221 · Ave
Maria (Kerzentanz) 223 · Dona nobis pacem (Kerzentanz) 224

Tänze zu Themen des Lebens 226
Begrüßungstanz 226 · Segensgruß 227 · Yah Ribon 229 ·
Dank 230 · In der Zeit schreiten 231 · Glück 232 · Dialog mit
dem Kosmos 233 · Abschied 236 · Freude 238 · Harmonie 239 ·
Abendtanz (Kerzentanz) 240 · Goldene Räume 241 · Geburts-
tagstanz 242

Tapetenwechseltänze 244
Quelle der Musik 244 · Sanftmut den Männern 245 · Matrosentanz 246 · Nigunim 4 247 · Nigunim 8 248 · Südbrasilianischer
Hirtentanz 249 · Aufstieg (Kerzentanz) 250 · Begrüßung innen
und außen (Tuchtanz) 251 · Venezianischer Gruß (Tuchtanz) 252

Ritualtänze 253
Kleine Blume 253 · Herbstritual 255 · Adventsritual 256 ·
Verabschiedungsritual 257

Literatur 259
Register der Tanzbeschreibungen 263

Vorwort

Vor mehr als dreißig Jahren machte ich während meiner Ausbildung zur Erzieherin und Sozialpädagogin erste Erfahrungen mit dem Volkstanz. Der Gesellschaftstanz, den ich in meiner Jugendzeit erlernte, blockierte mich eher, denn hier mußte ich mich in gesellschaftlich festgelegten Formen führen lassen. Die Regeln des Volkstanzes dagegen – damals vorwiegend osteuropäische Kreistänze und amerikanische Square dances – ließen mir genügend Freiheit, meine eigene Bewegungsfreude zu erleben.

Drei Jahrzehnte später lernte ich in der nordschottischen Gemeinschaft Findhorn den *sacred dance* kennen. Ein Deutscher, Bernhard Wosien, hatte diese, den gängigen Volkstanz transformierende Tanzart nach Findhorn gebracht. Der Ballettmeister Bernhard Wosien hatte jahrzehntelang bei vielen Völkern der Erde Tänze gesammelt und weitergegeben. Im *sacred dance* lernte ich den Bedeutungs- und Symbolgehalt der Folkloretänze kennen. Die Ethik, die im »geheiligten Tanz« spürbar getanzt wurde, beflügelte mich und vertiefte sich in den Kursen bei Bernhard Wosien weiter.*

Unabhängig davon hatte ich meinen Weg in der Meditation gefunden. Bald erkannte ich den Zusammenhang zwischen Weg und Bewegung. Ich suchte nach meditativen Tänzen und fand allmählich meinen Ansatz: Je einfacher die

---

* Die Neuentwicklung eines Bewußtseins für sakralen Tanz und Tanz im sakralen Raum haben wir Bernhard Wosien (gestorben 1986) zu verdanken. Seine Arbeit wird insbesondere von seiner Tochter, Dr. Maria-Gabriele Wosien, aber auch von seinen Schülern, wie beispielsweise Hilda-Maria Lander und dem Frankfurter Tanzkreis, weitergeführt.
Grundlegende Literatur zum *sacred dance:*
Bernhard Wosien: *Der Weg des Tänzers*; Veritas Verlag, Linz, 1988.
Maria-Gabriele Wosien: *Sakraler Tanz. Der Reigen im Jahreskreis. Tanzbeispiele mit Tonkassette*; Kösel-Verlag, München, 1988.
Sakraler Tanz. Vier Kassetten, Verlag Aviva, Frankfurt, 1988.

Schritte und die Tanzformen wurden, desto leichter kamen die Tänzer in eine konzentrierte Sammlung, die zu heilsamer Befreiung führte.

Seit einigen Jahren befasse ich mich damit, Meditation in Bewegung zu strukturieren. Ich entwickle Meditationstänze und gebe sie in verschiedenen Gruppen weiter. An der Reaktion der Gruppen merke ich, daß Meditationstanz mehr ist, als ein paar einfache Schritte miteinander zu gehen. Es kommt dabei eine Schwingung zustande, die in den Graphiken zu meinen Tänzen nur angedeutet werden kann.

Mein erster Lehrer war die Meditationstanzgruppe der evangelischen Kirchengemeinde in Freiburg-Landwasser. Diese Gruppe hat mich zu immer neuen, immer einfacheren Formen inspiriert und mich gelehrt, daß Meditationstanz ein Gemeinschaftserlebnis besonderer Art ist.

Danken möchte ich auch den Studierenden der Evangelischen Fachhochschule für Sozialwesen in Freiburg, die mir halfen, didaktische Schritte zum Leiten und Entwickeln neuer Tänze zu erarbeiten.

Meine Erfahrung mit der Meditation hat mir geholfen, meinen Ansatz und eine Fülle von Tänzen zu entwickeln. Sie sind nicht das Resultat tänzerischer Kompetenz oder intellektueller Höhenflüge. Mit Fleiß und vor allem mit innerer Erfüllung habe ich dann ein Ohr und ein Bewußtsein für geeignete Musik und angemessene Schrittfolgen entwickelt.

Möge auch der Leser zum Tänzer werden, der durch den Meditationstanz immer mehr seine eigene Mitte, seinen Weg findet und dann auch andere Tänzer auf ihrem Weg begleiten kann.

Freiburg, im Herbst 1988   *Marie-Luise Soltmann*

Theoretische Grundlagen
des Meditationstanzes

Tanz als religiöse Ausdrucksform

Schon vor Jahrtausenden hat der Mensch im Tanz die Götter angerufen. Anlaß dazu waren wichtige Stationen im Leben wie Geburt, Fruchtbarwerdung, Hochzeit, Ernte und Tod, aber auch Krisen wie Krankheit, Katastrophen, Kampf und Krieg (Hoffman, 1984). Im Tanz drückte der Mensch sein Inneres aus, den Spiegel seines göttlichen Wesens. Rhythmen, Laute, Gebärde und Bewegung waren die Elemente, die ihn mit der Natur und den Göttern verbanden. Dank, Bitte und Anbetung waren die Inhalte seiner Hinwendung zu Gott. M.G. Wosien bezeichnet den Tanz als »Begegnung mit den Göttern« (Wosien, 1985, 7). Sorell geht davon aus, daß der Tanz ein Spiegel gesellschaftlicher Normen ist.

Im Alten Testament wird überliefert, daß der Tanz im Judentum eine entscheidende religiöse Rolle spielte (Bittner 1982, Berger 1985). Aus den Johannesakten erfahren wir, daß Jesus mit seinen Jüngern das Abendmahl als heiligen Tanz zelebrierte (Betz/Schramm 1985, 125ff.; Walter 1974, 139ff.; Wosien 1985, 28). Die frühen Christen hatten widersprüchliche Einstellungen zum Tanz. Einige Bischöfe befürworteten Tanzrituale in den Messen und feierten im Tanz die Anwesenheit der Engel, Christus als das Mysterium Gottes und die Verbundenheit mit den erlösten Seelen im Paradies (Berger 1985, 22ff.). Andere Kirchenväter lehnten den christlichen Tanz ab, weil er heidnischen Ursprungs und kultischer Ausdruck der Christenverfolger sei (Bittner 1982, Sequeira 1977, 1978). Im Mittelalter hatten der Totentanz, die getanzte Totenwache und der Auferstehungstanz große Bedeutung (Lander 1983). Mystiker verschiedener Religionen und Kulturen erlebten den Tanz als Mittel zur Verzückung.

15

In unserer Zeit hat sich der religiöse Tanz im kirchlichen und außerkirchlichen Bereich etwa seit 1970 entwickelt und erfreut sich seitdem immer größerer Beliebtheit. Auf den Großgruppentreffen in Taizé, aber auch auf evangelischen und katholischen Kirchentagen werden immer mehr religiöse Formen der Bewegung, verbunden mit Musik und Gebärden praktiziert, häufig auch in entsprechender symbolischer Kleidung. Diese Tanzformen sind Ausdruck einer bestimmten Botschaft an sich selbst und andere. Solche Bewegungen können geplant und eingeübt sein, aber auch spontan und improvisiert zustande kommen. Die religiöse Erfahrung der Darsteller spielt dabei ebenso eine Rolle wie die Verkündigung an die Betrachter.

Im religiösen Ausdruckstanz zeichnen sich zwei verschiedene Formen ab. Zunächst finden wir den »abbildhaften Tanz« (Bittner 1982, 19) mit pantomimischem Charakter. In dieser Tanzform werden beispielsweise Episoden aus dem Neuen Testament bildhaft-tänzerisch dargestellt mit dem Ziel, dem Betrachter die inhaltliche Aussage der Geschichte visuell und emotional näherzubringen. Daneben gibt es den »sinnbildlichen Tanz« (Bittner 1982, 20), in dem mehr der tiefere Sinn eines Textes dargestellt wird, weniger das beschriebene Ereignis selbst.

Die tänzerische Bewegung kann auch liturgischer Teil einer gottesdienstlichen Feier sein. Dabei tanzen einige Tänzer vor oder die Anwesenden werden zur Mitgestaltung des Tanzes eingeladen. Seltener improvisiert dabei ein Tänzer aus dem Augenblick heraus (Bittner 1982, 47). Tänzerische Formen des Einzugs in den Gottesdienst oder als Abschluß einer religiösen Feier eignen sich für getanzte Liturgie; Lieder, Kanons und Gebete sind gut für die tänzerische Umsetzung.

Meditativer Tanz

Seit den achtziger Jahren dieses Jahrhunderts hat sich der meditative Tanz aus dem Folkloretanz entwickelt. Unter Tanz im Zusammenhang mit Meditation verstehe ich eine Bewegung, die den Tänzer tiefere Bewußtseinsebenen erreichen läßt. Es handelt sich also um eine Tanzform, die durch ihre Struktur eine Meditationshilfe darstellt – Tanz und Meditation verbinden sich zu einer Einheit, die es dem Menschen ermöglicht, sich selbst näherzukommen. Im Mittelpunkt des Meditationstanzes steht der Umgang mit der Bewegung und die Erfahrung mit dem eigenen Körper. Hinzu kommt eine besondere Kommunikation mit den Mittänzern. Schließlich stellt der Meditationstanz eine Chance dar, Erfahrungen mit Gott zu machen und die eigene Mitte zu finden.

Friso Melzer (1958², 108ff.) bringt das Wort *meditari,* das mit dem Begriff Meditation verwandt ist, mit folgenden drei Wurzeln in Verbindung:

1. hebräisch: *haga*
Damit ist ein halblaut gelesenes oder gemurmeltes Gebet des Gottesvolkes gemeint. (In Indien finden wir eine Parallele dazu in der Mantra-Tradition und im christlichen Rußland im Herzensgebet.)
2. griechisch: *meletan*
Mit diesem Wort ist hegen, pflegen und etwas liebevoll im Herzen tragen gemeint.
3. lateinisch: *meditari*
Dies war zunächst ein militärischer Fachausdruck der Römer zur Bezeichnung von Rekrutenübungen. In alten Psalmenübersetzungen tauchen die Worte *meditari* und *exerceri* in dieser Bedeutung auf. Später wurden diese Begriffe auf spirituelle Übungen übertragen, beispielsweise auf die geistigen Übungen des Ignatius von Loyola.

Diese drei Bedeutungen bilden die Grundlage für mein Verständnis von Meditationstanz.

Haga in erweiterter Form verstehe ich als die immer wiederkehrende Bewegung, die zu einem fast zeit- und endlosen Erlebnis von Bewegung im Raum und in der Tanzform wird.

Meletan ist die bewußte Aufmerksamkeit, die ich dem Tanz und den Mittänzern widme.

Meditari schließlich ist die geistige Übung, das schweigende Üben in der Bewegung, die Balance und der Einklang mit dem eigenen Körper.

Die Erfahrungselemente im meditativen Tanz

Die Wirkung des Meditationstanzes beruht auf dem Zusammenspiel von Körper, Raum und Zeit, von Bewegungsabfolge, Musik und tanzender Gruppe. Wir erfahren die Schwingung als Ganzes, doch unser Geist kann die Elemente, die diese Schwingung schaffen, nur als Teile erfassen. Daher werden wir die Erfahrungselemente im meditativen Tanz nun einzeln beleuchten.

Der Körper

Im Zentrum des Tanzes steht der Körper des Tanzenden. Er drückt sowohl die Bewegung als auch das innere Erleben aus. Der Tänzer spürt sich in der Bewegung. Nicht nur die Bewegung, sondern auch das innere Erleben wandelt sich während des Tanzes, ist immer im Fluß. Die sanfte, gleichmäßige Bewegung setzt eine besondere Wachheit sich selbst gegenüber und im Umgang mit den anderen voraus. Alle Bewegungsabläufe im meditativen Tanz enthalten Möglichkeiten der religiösen Erfahrung, ob wir stehen, schreiten, schwingen, hüpfen, uns verneigen oder erheben, ob wir uns strecken, öffnen oder schließen, die Hände reichen, Blickkontakte aufnehmen oder ob wir die Augen schließen.

Durch Anfassen und bestimmte Schrittfolgen erlebt der Tänzer seitliche Betonungen. Er befaßt sich mit Einseitigkeit, Beidseitigkeit und Ganzheit. Gewichtsverlagerungen tragen zur Dynamik bei. Hier geht es um die Erfahrung der inneren und äußeren Balance. Rechte und linke Körperseite erhalten eine spezifische Bedeutung. Durch unseren aufrechten Körperbau stehen wir mit den Füßen auf der Erde und strecken uns gen Himmel. In der meditativen Bewegung hält der Tänzer das Gleichgewicht zwischen Unten und Oben.

Der Raum

Alle Räume, in denen wir uns bewegen, sind von drei Dimensionen bestimmt, nämlich oben-unten (Himmel-Erde), rechts-links und vorn-hinten (Weg, Richtung, Vergangenheit-

Zukunft). Die gesamte Schöpfung bewegt sich in diesen Dimensionen. Außerdem hat jeder Raum, auch der menschliche Körper, einen zentralen Punkt, eine Mitte.

Im Bewegungsraum einer Meditationstanzgruppe geht es um dieselben Dimensionen. Die Gruppe hat einen bestimmten Tanzraum, den sie ausdehnen und zusammenziehen, erweitern und abgrenzen kann. Der gewählte Raum, das heißt die Raumgestaltung, hat einen wesentlichen Einfluß auf den Meditationstanz. Gestaltet wird der Raum durch die Schritte der Tanzenden. Sie bahnen sich Wege durch den Raum, bilden Linien und formen bestimmte Figuren wie Kreis, Kreuz, Labyrinth oder Spirale. Die Formen, die die Tanzenden mit ihren Füßen, Körpern und Handhaltungen gestalten, stellen meist alte Symbole dar, deren Bedeutung während des Tanzes in die Meditation der Tanzenden einfließt. Das Tanzfeld, das die Gruppe durch Körperhaltung, Schritte und Bewegungen schafft, ist der imaginäre Tanzraum, der erst allmählich, während des immer wiederkehrenden Tanzes, erfahrbar wird.

Die Zeit

Raum und Zeit sind untrennbar miteinander verbunden. Das wird besonders deutlich am Weg der Planeten. Indem die Planeten wandern, ändern sich die Raumgefüge, die von ihnen gebildet werden. So ist der Himmel Raum in der Zeit, und der Fluß der Bewegung ist die Erfahrung von Zeit und Raum.

Im Meditationstanz erfahren wir Raum und Zeit im Jetzt. Die Gegenwart ist immer wieder neu, mit jedem Schritt. Jede Bewegung, die entsteht, zerrinnt sofort wieder. Neue Schritte führen zu neuen Formen. Wir tanzen in der Zeit und mit der Zeit. Zeit und Raum werden subjektiv erlebt. Die Art des Erlebens ist abhängig von der Wahrnehmungsfähigkeit des einzelnen, von seiner Sensibilität und seinem persönlichen Einsatz.

Die Musik

Der Zusammenhang zwischen Musik und Bewußtsein ist in jüngster Zeit besonders von Joachim-Ernst Berendt untersucht worden. Alte Mythen sagen, Gott habe die Welt aus dem Klang geschaffen (Berendt 1985, 224). Schwingungen des Lichtes und des Klangs waren offenbar vor dem Stofflichen, vor Raum und Zeit, vorhanden. Die Antike verstand Musik als Teil des Weltplans, ja als Weltseele. Man sprach von der Harmonie der Sphären (Pythagoras).

Die Renaissance griff dieses Weltbild wieder auf und untersuchte es nun mit wissenschaftlichen Methoden. Der Goldene Schnitt im menschlichen Körper wurde mathematisch belegt, und auch Bauwerke wurden nach den gleichen Gesetzen erstellt. Ebenso entdeckte man die Gesetzmäßigkeiten der Musik, die sich im Planetensystem und in der Schöpfung widerspiegelten. Robert Fludd entwickelte das Weltmonochord als Abbild der Schöpfung (*Metaphysica, physica atque technica... Historia*, Linz, 1519 in Hamel 1976, 107). Der Arzt Agrippa von Nettesheim zeichnete die Proportionen des menschlichen Körpers als ein System von Kreisen, Dreiecken und Vierecken. Der Organist und Musiktheoretiker Andreas Werkmeister schrieb 1702: »Ist nun die große Welt als (makrokosmos) beschaffen, so muß der Mensch als (mikrokosmos) auch eine Verwandtschaft mit derselben haben: Daher Pythagoras und Platon gesagt haben: Die Seele der Menschen sei eine Harmonie; dieses wird nicht allein von vielen Philosophiis bekräftigt und erwiesen, sondern man hat es auch erfahren, daß an eines wohlproportionierten Menschen Leibe und Gliedern die proportiones musicä – musikalische Proportionen – zu finden seien.« (zitiert in Berendt 1985, 105).

Im Meditationstanz geht es um das Zusammenspiel der Bewegungen zur Musik in Raum und Zeit.

Nach Jean Gebser hat sich das Bewußtsein der Menschheit in vier Stufen entwickelt: vom magischen Bewußtsein zum mythischen, zum mentalen und derzeit zum beginnenden integralen Bewußtsein. Der Musiker Peter M. Hamel veranschaulicht, was die jeweilige Bewußtseinsstufe der Menschheit mit dem Musikbewußtsein zu tun hat (1980, 21 ff.).

20

Dem magischen Bewußtsein entspricht rhythmische, monotone kultische Musik, die eng mit Bewegung und Tanz verbunden ist. Diese Musik hatte die Funktion, initiatorische Einweihungsvorgänge zu unterstützen. Ihr Rhythmus ist zeitlos, wiederholend, zyklisch, wie beispielsweise die Trommelwirbel der Schamanen oder das Stampfen mit den Füßen. Afrikanische Musik, südamerikanische Lieder und mongolische Priestergesänge gehören in diesen Bereich.

Zum mythischen Bewußtsein passen etwa die frühgriechische Musik oder die gregorianischen Gesänge des Mittelalters, aber auch indische Raga-Musik. Sprache und Musik sind hier eng miteinander verknüpft. Die Musik verläuft in zyklischen Perioden. Sie hat eine Art Kreisform und kehrt mit verschiedenen Variationen zum Ausgangspunkt zurück. In der asiatischen Musik hat sich dieses Bewußtsein bis heute erhalten.

Die europäische Musik gehört dem mentalen Bewußtsein an. Typisch für sie sind harmonische, mehrstimmige Kompositionen. Ihr Rhythmus besteht aus metrischen, erdachten Strukturen.

Unser Zeitalter erlebt Musik als Auseinandersetzung mit dem Selbst und spiegelt daher auch Angst, Tod und dessen Überwindung. Transformation des Bewußtseins ist das Zeichen jener integralen Bewußtseinsstufe, auf der wir uns zu entwickeln beginnen. Integrale Musik hat mit Intuition zu tun, mit Improvisation und Transzendenz. Die neue spirituelle Musik regt zu musikalischen Meditationen an. Der pythagoräische Begriff von der »Harmonie der Sphären« kann uns in der modernen kosmischen Musik wieder begegnen.

Kepler hat bewiesen, daß den Planetenbahnen kosmische Gesetze zugrunde liegen. Seit 1960 wurde wissenschaftlich untersucht und erneut bewiesen, daß Planeten und Sterne Klangerzeuger sind (Berendt 1985, 75 ff.). Diese Erkenntnisse führen zu einem neuen Bewußtsein bei spirituellen Komponisten und den Hörern ihrer Musik.

Thomas Michael Schmidt weist nach, daß die Proportionen der Töne den Proportionen des menschlichen Körpers entsprechen (Hamel 1980, 136). Wir selbst können die Erfahrung machen, daß ein gesummtes U im Beckenraum vibriert, ein O im Bauchraum, ein A im Brustraum, ein E im Halsraum und ein I im Kopfraum. Nach alter chinesischer Weisheit wird das Organ Ohr dem Yin-Prinzip zugeordnet und das Organ Auge dem Yang-Prinzip. »Ohren-Menschen« sind demnach eher rezeptiv, weiblich, helfend, intuitiv, spirituell, ins Innere dringend, das Ganze als Eines wahrnehmend. »Augen-Menschen« sind eher männlich, aggressiv, herrschend, verstandesorientiert, analysierend und das Außen betrachtend (Berendt 1985, 14 f. und 186).

Beim Meditationstanz spielt das Hören eine entscheidendere Rolle als das Sehen. Der Kontakt zu den Mittänzern findet mehr über die Berührung, weniger über das Auge statt. Das Gehörte führt in die Tiefe der Seele, das Sehen führt nach außen. Durch den Tanz wird sowohl der Außen- als auch der Innenraum der Tänzer angesprochen. Die in diesem Buch vorgestellten Tänze werden auf sehr verschiedene Musik getanzt. Das geschieht bewußt, um die Tänzer durch differenziertes Hören und Bewegen in immer tiefere Stufen der Meditation zu führen.

Die Wiederholung, das getanzte Mantra also, ist das Herzstück der hier beschriebenen Art von Meditationstanz. Es geht dabei um immer wiederkehrende Bewegungsabläufe. Die Wirkung der Wiederholung ist im asiatischen, aber auch im europäischen, christlichen Bereich seit alten Zeiten bekannt. Der Psalmist sagt: »Wohl dem Mann, ... der über die Weisung des Herrn nachsinnt bei Tag und bei Nacht« (Psalm 1,2). Jesus lehrte uns das Beten und forderte, nicht nachzulassen im Gebet (Lukas 18,1). Der katholische Christ spricht 54 oder 108 mal eine Anrufung beim Beten des Rosenkranzes. Der russische Pilger lernt immer und immer wieder das Herzensgebet »Herr Jesus Christus, erbarme dich meiner.« (Jungclaussen 1974, 19 f.). Im Sanskrit nennt man das immer wiederkehrende heilige Wort »Mantra«. Das älteste Mantra ist die Ursilbe OM, mit der unser Amen verwandt ist (Berendt 1985, 50 f. und 173 ff.).

Das Mantra ist das nach innen gesprochene Wort, die Silbe oder der Satz, der eine bestimmte Schwingung hat. Die Erfahrung, die der Betende mit dem Mantra macht, die Wirkung, die das Mantra auf seine Herzensebene hat, hängt von seinem Bewußtseinszustand ab.

Es ist das Herz, das die Wirkung des Mantras aufnimmt, nicht das Ohr oder der Kopf. In diesem Zusammenhang ist interessant, was Sri Chinmoy über seine Begegnung mit dem Komponisten und Dirigenten Leonard Bernstein in der UNO schreibt. Beide meditierten zusammen. Nach längerem Schweigen erzählte Bernstein überrascht: »Vor vier Jahren lernte ich meditieren und machte es sieben Wochen lang so regelmäßig wie es ging. Doch ich konnte es nicht beibehalten, und so verlor ich es wieder. Hie und da kam ich darauf zurück. Mein Mantra blieb immer bei mir. Doch ich habe es schon lange nicht mehr gebraucht. Sie haben es mir zurückgebracht.« (Chinmoy 1982², 152). Verschiedene Religionen kennen die Wiederholung von Wort und Bewegung, beispielsweise das Drehen der Gebetsmühlen in Tibet, die Rezitation der Veden in Indien, den Wirbeltanz der Sufiderwische. Die Form der Wiederholung nennt man auch *ruminatio*, das Wiederkäuen oder, im übertragenen Sinne, die immer wiederkehrende Wiederholung. Die Ruminatio wurde zu Ehren der römischen Göttin Rumina, der Schutzherrin der säugenden Herden und der Säuglinge, praktiziert (Menge-Güthling 1981²¹, 667).

Alte Weisheitslehren sagen, daß man mantrische Übungen mit den Füßen beginnen muß, da der Mensch mit den höheren Welten nicht über den Kopf, sondern durch die Füße verbunden ist (Hamel 1980, 130). Beim Meditationstanz geht es um die Wiederholung der Musik und der Bewegungsabfolge. Die Tänzer kreisen in der Gruppe um die Mitte des Raumes und damit auch um ihre eigene Mitte. Der Körper findet immer mehr seine eigene Balance und Schwingung. Indem der Tänzer diese Bewegung er-innert, erlebt er sie immer wieder neu. Er übt sich ein, läßt sich nicht irritieren, findet sich selbst. Die Bewegung der Gruppe wird zu einem endlosen Fließen. In diesem Fluß entspannen sich die Tänzer immer mehr, lassen immer mehr los, öffnen sich. Ihr Atem wird ruhiger, gelassener, friedlicher und heiterer.

Wissenschaftliche Untersuchungen haben bewiesen, daß wiederholende Musik zu Entspannung und zur Erweiterung des Bewußtseins führt. Spezielle Klangmuster verändern die Tätigkeit der Gehirnwellen. Ihr Rhythmus verlangsamt sich, sogenannte Alphawellen entstehen. Im Wachbewußtsein, im normalen Alltagsbewußtsein also, befinden wir uns im Bereich der Betawellen. Durch Meditation gelangen wir auf die Alphaebene, in die Zone des »inneren Bewußtseins« (Silva 1983, 21). Hier kann der Mensch leichter lernen, sein Immunsystem stärken, ja sogar Probleme, die auf der Betaebene entstehen, im voraus lösen. Hier gibt es keinen Ärger, keine Schuldgefühle, keine Urteile über andere. Auf der Alphaebene ist man im Einklang mit dem Höchsten, im Frieden (Silva 1983, 33). Daher wird auch der Meditationstanz meist als befreiend und beglückend erfahren.

Die *gesprochene* Wiederholung ist das Mantra, die *gemalte* Wiederholung das Mandala, ein geometrisches Ornament. Im Meditationstanz, dem *getanzten* Mantra, machen wir mit unseren Füßen bestimmte Spuren, die den Mandalas ähnliche Ornamente ergeben.

Eine spezielle Form getanzter und gesungener Wiederholung ist der Kanontanz.

Ein Kanon ist eine Musikform, bei der zwei oder mehr Vokal- oder Instrumentalstimmen nacheinander in vorgeschriebenem Abstand einsetzen und so eine einzige Melodielinie zum mehrstimmigen Satz ausweiten. Kanons gibt es bereits seit dem Mittelalter. In unserem Jahrhundert entstand der Begriff des »Singrades«, womit das Kreisen der Stimmen angedeutet wird.

Kanontänze können in ineinanderliegenden Kreisen getanzt werden, wobei ein Kreis nach dem anderen mit der Stimme einsetzt.

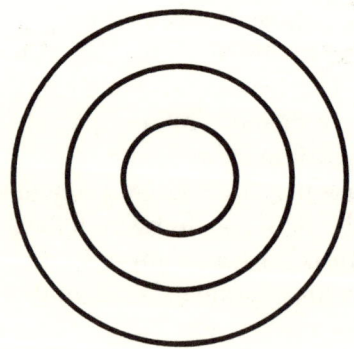

Die Tänzer können aber auch in den Stimmen abwechselnd auf der äußeren Kreislinie stehen, bei einem dreistimmigen Kanon etwa so:

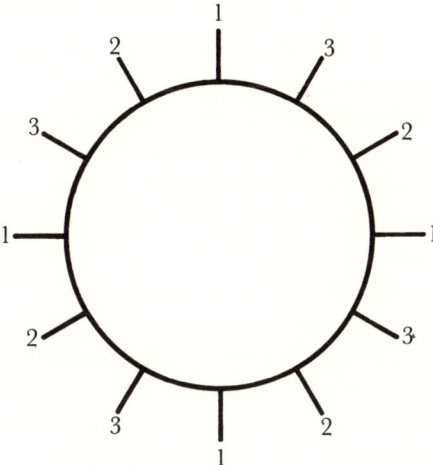

Einen vierstimmigen Kanontanz kann man in vier Gruppen tanzen, die in Kreuzform stehen, wobei die Gruppen auch unterschiedlich groß sein dürfen:

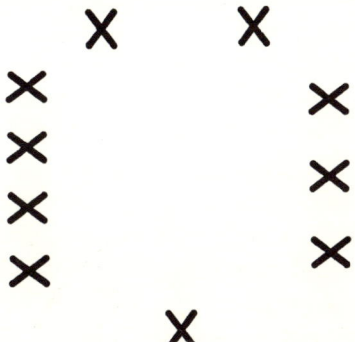

Für das Gemeinschaftsgefühl ist es günstig, den Kanon zu Beginn und am Schluß einstimmig gemeinsam zu tanzen. Kanontänze verlangen sicheres Sing- und Raumgefühl und wirken in ihrem Bewegungsablauf wie sich entfaltende Blumen oder lebendige Ornamente.

25

Die Gruppe

Ein weiteres Erfahrungselement im Meditationstanz ist die tanzende Gruppe selbst.

Teilnehmer berichten, daß sie sich während des Tanzens mit dem Erleben von Alleinsein und Gruppengefühl auseinandersetzen. Wenn der einzelne Tänzer aus dem körperlichen Gleichgewicht gerät, sich gedanklich ablenken läßt oder gefühlsmäßig belastet ist, erlebt er es als wohltuend, von den anderen mitgetragen zu werden. Selbstvertrauen und Verantwortungsgefühl, das Gefühl, sich selbst und die anderen mitzutragen, wachsen im Laufe der Zeit.

Manche erleben die Gruppe als Hilfe, um sich selbst zu spüren. Andere wiederum erfahren die Gruppe so stark, daß sie nicht unterscheiden können, ob die Gruppe sie trägt oder ob sie die Gruppe tragen. Wichtige Erfahrungen machen die Teilnehmer, wenn sie sich freiwillig mit geschlossenen Augen bewegen. Tanzformen, bei denen einige Schritte gemeinsam, einige Schritte allein getanzt werden, fordern die Erfahrung des Loslassens. Loslassen kann Alleinsein bedeuten, aber auch die Freude, sich in Kürze wieder in der Gemeinschaft zu befinden. Die Tänzer erleben sich im anderen wie in einem Spiegel. Manche finden ihre Sicherheit, indem sie den sicheren Partner nachahmen.

Das Gruppenklima wird immer wieder als angenehm empfunden. Gegenseitige Akzeptanz ergibt sich, ohne daß daran bewußt gearbeitet wird. Das Gespür für sich selbst und den anderen wächst von selbst. Jeder erlebt mal Sicherheit, mal Unachtsamkeit, mal Irrtum oder Gleichgewichtsverlust. So wird der einzelne Tänzer toleranter und hilfsbereiter, weil er gute Erfahrungen mit den anderen macht. Man urteilt nicht, keiner wird zur Rechenschaft gezogen oder blamiert. »Um die Mitte kreisen« fördert die Liebesfähigkeit. Je mehr sich der Tänzer in das Tanzgeschehen einläßt, desto mehr können Rücksichtnahme und Offenheit wachsen. Erst dann ist es möglich, Vorsätze, Wertungen und Verkrampfungen loszulassen, erst dann kann Hingabe praktiziert werden.

Die innere Erfahrung

Im Meditationstanz findet ein Wechselspiel statt zwischen den Eindrücken, die die Innenwelt des Tänzers prägen, und seinem Ausdruck dieser Innenwelt. Dieser Ausdruck wiederum trägt zur Erfahrung der anderen Tänzer bei. Im kultischen Zusammenhang ist der Meditationstanz eine wortlose Begegnung mit Gott. Indem wir Urbilder tanzen, sind wir archetypisch mit den alten Symbolen der Menschheit verbunden. Diese Symbole wiederum wirken auf uns als Tänzer und lassen ein Gefühl der Verbundenheit mit dem Kosmos entstehen. Tanz kann auch als Gebet erfahren werden.

Die Symbolik im Tanz

Um zu erkennen, welche Bedeutung die Tanzformen haben, müssen wir zu den Ursymbolen zurückkehren, die durch den Tanz ausgedrückt werden.

Der Mensch, der betend vor Gott tanzte, verstand sich als Teil der Natur. Daher ist es nicht verwunderlich, daß die den Kreislauf der Natur bestimmenden Himmelslichter Sonne, Mond und Sterne wesentliche Symbole im kultischen und meditativen Tanz darstellen. Frühe Kulturen betrachteten Sonne und Mond als Urkräfte der Schöpfung und die Planeten als das menschliche Schicksal beeinflussende Mächte.

Die Sonne

Die Sonne ist bei allen Völkern eines der wichtigsten Symbole. Die Naturerscheinungen, die mit der Sonne verbunden sind, sowie ihr Lauf, ihr Auf- und Untergang, führten dazu, daß sie in vielen Kulturen als göttliche Macht gepriesen wurde.

Sie gilt als anschauliche Verkörperung des Lichts, des lebenspendenden Prinzips; sie wird aber auch dem Feuer zugeordnet, das Dürre und Verbrennen verursacht. Ihr täglich neuer Auf- und Untergang läßt sie zu einem Symbol der Unsterblichkeit, des ständigen Werdens und Vergehens, der

Auferstehung und des Neubeginns werden. Ihre Strahlen, die alle Dinge mit demselben Licht bescheinen und alles sichtbar und erkennbar machen, sind ein Symbol der Gerechtigkeit.

In prähistorischer Zeit wurde die Sonne im Bild des Kreises, des Rades, der Kugel, in der Spirale und im Labyrinth symbolisch dargestellt, aber auch als Vogel – Adler, Falke oder Hahn – oder als geflügeltes Wesen. Auch achtstrahlige oder geflügelte Sterne standen symbolisch für die Anwesenheit der Sonne. In einigen Kulturen wurde der Sonnenlauf als eine Fahrt des Sonnengottes über den Himmel versinnbildlicht. In Ägypten fuhr der Sonnengott Re in einem Schiff; in Griechenland und Indien waren es Wagen mit Pferden, die die Sonnengötter Helios und Surya lenkten. Die Darstellung der Sonne als geflügeltes Wesen taucht immer wieder in alten Kulturen auf, um Sonnenaufgang und Sonnenuntergang zu symbolisieren.

In zahlreichen archaischen Religionen hatte die Sonne eine große Bedeutung als überirdische Macht, deren allmorgendliches Erscheinen der Garant der kosmischen Ordnung war. So prägte die Sonne beispielsweise auch die Einweihungsriten. Anbetend nach Osten gewandt hatte der Initiant den Sonnenlauf nachzuahmen, indem er durch ein künstliches Ungeheuer kriechen mußte. Tod und Leben, Untergang und Auferstehung wurden damit dargestellt (Lurker 1985³, 634f.).

Die Bibel betont für das Erscheinen der Sonne den vierten Schöpfungstag (1. Moses 1,14ff.). Hier erscheint die Sonne als Herrscherin des Tages, durch die Gottes Herrlichkeit sichtbar wird. Jesaja betont die Eigenschaft der Sonne als kosmische Energie, als Symbol für Gottes Licht (Jesaja 60, 20).

Im Neuen Testament wird Christus als das aufgehende Licht bezeichnet (Lukas 1,78), und am Berg Tabor glänzte das Antlitz Jesu wie die Sonne. Die Offenbarung schildert den Sohn Gottes strahlend wie die Sonne (Offenbarung 1,16).

Die Urkirche machte aus dem antiken Heliostag den Sonntag, indem sie diesen Tag zum Tag des Herrn erklärte. Auch die Ausrichtung sakraler Bauten nach Osten übernahmen die frühen Christen aus älteren Religionen. Die Apsis der Kirchen lag schon früh in Richtung Osten, und in diese Richtung wurde das Gebet der Gläubigen geschickt.

Das Christusmonogramm ☧ entwickelte sich wahrscheinlich aus dem vorchristlichen Sonnensymbol, dem Rad, Radkreuz oder Hakenkreuz.* In der Romantik wird Christus häufig in der Sonne stehend, als der sogenannte Christuschronokrator, der Zeitregent, dargestellt, wobei wieder der Zusammenhang zwischen der Zeit und dem Lauf der Sonne betont wird. Auf zahlreichen mittelalterlichen Kreuzigungsbildern ist die Sonne mit aus Trauer verhülltem Haupt zur Rechten Christi abgebildet. Der Nimbus, mit dem Gott, Christus und die Heiligen dargestellt werden, ist ebenfalls auf die Sonnenscheibe zurückzuführen.

In jedem Kreistanz wird symbolisch die Sonne und damit auch die Anwesenheit Gottes dargestellt. Tänze, die die Mitte betonen, indem sie zu ihr hin- und wieder von ihr wegführen, können als symbolische Darstellung sowohl der Sonnenstrahlen als auch der Sterne betrachtet werden. Beispiele dafür sind die Tänze auf den Seiten 83, 89, 104, 109 und 112.

Eine Sonderform stellen strahlen- oder sternförmige Tänze dar, die über die äußere Kreislinie hinausgehen, wie beispielsweise die Tänze auf den Seiten 92, 155 und 203. Hier wird sinnbildlich dargestellt, daß wir den Weg dessen nachahmen, der alle Grenzen und den Weltkreis überschritten hat, den Weg des Auferstandenen. In der Kunst wird diese Idee beispielsweise in den Bildern ausgedrückt, die Christus im Kreis oder in der Mandorla (einem mandelförmigen Oval) darstellen, wie er gerade mit einem oder beiden Füßen den Außenrand übertritt, so als käme er auf den Betrachter zu.

Der Mond

Der Mond spielt im Symboldenken der meisten Völker eine bedeutende Rolle. Oft wird er im Mythos in Zusammenhang mit der Sonne gebracht, deren Licht er reflektiert. Entscheidend für seine mythologische Bedeutung ist aber wohl die

* Das rechtsläufige (von rechts nach links laufende) Hakenkreuz symbolisiert die untergehende Sonne, während das linksläufige (von links nach rechts laufende) Hakenkreuz die aufgehende Sonne versinnbildlicht (Lurker 1985[3], 634f.).

Tatsache, daß er aufgrund seiner ständig wechselnden Gestalt während verschiedener Phasen scheinbar »lebt«, daß er mit verschiedenen Lebensrhythmen auf der Erde in offensichtlicher Verbindung steht und daß er zu einem wichtigen Anhaltspunkt in der Zeitmessung wurde.

In manchen älteren Mythen gilt der Mond als Stammvater, Heilsbringer und männlich. Matriarchalische Kulturen sehen ihn als weiblich an, als die Urmutter, die entweder einen Sohn, die Sonne, oder auch zwei Söhne, Neumond und Vollmond, geboren hat.

Die Mondphasen sind symbolisiert in der ägyptischen Mondgottheit Thot, die Herrscher über Zeit, Maß, Zahl und Gerechtigkeit ist. In baltischen Kulturen haben die Mondgottheiten Namen mit der Wurzel *me* (= messen), das Mondsymbol ist die Palmrippe, an der Jahre wie am Kerbholz eingezeichnet werden.

In manchen Religionen gilt der Mond als der Aufenthaltsort der Toten. Der ägyptische Gott Osiris ist sowohl der Gott des Mondes als auch der Totenwelt. Oft finden wir den Mond als Grabschmuck. Auch das Attribut Barke oder Schiff weist auf den Totenkult hin, der mit dem Mond verbunden war.

Die Sichel als Symbol des Mondes finden wir sowohl in patriarchalischen als auch in matriarchalischen Kulturen. Die Sichel als Waffe ist ein archetypisches Symbol, das den Kampf des jugendlichen Helden gegen den Drachen der Dunkelheit versinnbildlicht.

Der Halbmond ist auch das Zeichen des Schwindens und der Wiederkehr und wird als solches mit Keuschheit und Anrufungen beim Gebären in Verbindung gebracht. Wir finden dieses Zeichen beispielsweise als Attribut der griechischen Göttin Artemis und der römischen Göttin Lucina, aber auch in Verbindung mit der Jungfrau Maria in der Offenbarungsgeschichte (Offenbarung 12,1).

In manchen Kulturen, beispielsweise in Indien, wird der Mond mit dem Wasser in Verbindung gebracht; in anderen hingegen herrscht die Vorstellung, im Mond sitze eine Frau, die die Mädchen im Spinnen und Weben unterrichtet (bei den Irokesen und in Sumatra). Die Spindel als Symbol für den Mond finden wir in Syrien, aber auch auf Marienbildern des christlichen Mittelalters, wo die Gottesmutter mit dem Garnknäuel oder der Spindel dargestellt wird.

Ein weiteres Mondsymbol ist das Horn. Es drückt animalische Kraft und überirdische Energie aus und soll den zu- oder abnehmenden Mond versinnbildlichen. Als Zeichen der Allmacht Gottes setzte man Hörner an die vier Ecken des israelitischen Opferaltars.

Spirale und Welle sind Mondsymbole, die seinen zyklischen Charakter ausdrücken sollen. Auch die Schlange gilt ihrer Regenerationsfähigkeit und ihres plötzlichen Auftauchens und Verschwindens wegen als Mondsymbol.

Im Alten Testament gibt es keine spezielle Mondsymbolik, hier wird der Mond lediglich als »das kleine Licht zur Beherrschung der Nacht« bezeichnet (1. Moses 1,16).

Im Neuen Testament wird berichtet, daß sich bei der Wiederkehr Christi die Sonne verfinstern und der Mond seinen Schein nicht mehr geben wird (Markus 13,24). Die Offenbarung beschreibt das mit der Sonne bekleidete apokalyptische Weib, das den Mond unter den Füßen hat (Offenbarung 21,1), und sagt, daß der Mond überflüssig wird, weil Gott selbst das Licht im neuen Jerusalem sein wird (Offenbarung 21,23).

Im frühen Christentum war die Sonne das Bild Gottes, während der Mond das Bild des Menschen war. Origines sagte, die Kirche empfange ihr Licht von Christus, der Sonne, und gäbe es an die Gläubigen weiter (Lurker 1987[3], 239ff.).

In Anlehnung an den antiken Brauch, Götter oder gottähnliche Menschen mit der Sonne und dem Mond über dem Kopf darzustellen, finden wir auf mittelalterlichen Kreuzigungsbildern Sonne und Mond über dem Kopf des Gekreuzigten (Heinz-Mohr 1971, 214f.).

Bischof Zeno von Verona (4. Jahrhundert) vergleicht den Mond mit der Auferstehung, da sich sein Sterben und seine Neugeburt am nächtlichen Himmel sichtbar vollziehen.

Tanzformen wie Spirale, Schlange und Welle erinnern an den Mond. Auch das Weben und Spinnen kann durch Ein- und Ausrollen des Kreises tänzerisch dargestellt werden. Die Sichelform kann als Ausgangsposition genommen werden, wenn der Tanz im Halbkreis stattfindet.

Die Sterne

Schon in alten Zeiten wurde die Bewegung der Sterne in regelmäßigen Bahnen als kosmischer Tanz verstanden, der das Zusammenwirken göttlicher Mächte symbolisierte. Die Sterne schienen Gott am nächsten zu sein und galten als seine Offenbarung.

Der griechische Schriftsteller Lukian bezeichnete im 2. Jahrhundert nach Christus den Tanz der Himmelskörper als Vorbild für den Tanz der Menschen auf Erden (Lurker 1981, 100). Umgekehrt gab der irdische Reigen einen Einblick in das verlorene Paradies und ein Gefühl für die unmittelbare Nähe Gottes. Andererseits standen die Sterne auch für das Unerreichbare, für zu hohe Ideale (»nach den Sternen greifen«).

Für die Babylonier und Assyrer waren die Sterne Zeugen der Majestät Gottes. Eine altmesopotamische Lehre betont die Parallelen zwischen dem Geschehen im Himmel und dem auf der Erde. Dies kann als Beginn der Astrologie bezeichnet werden. In einer babylonischen Keilschrift steht dasselbe Zeichen für die Worte »Stern« und »Gott«. Sterne waren für die Babylonier Sinnbilder höherer Mächte (Lurker 1985[3], 656).

Daß die regelmäßigen Bahnen, in denen die Sterne verlaufen, das Zusammenwirken göttlicher Kräfte ausdrücken, war auch der Grundgedanke der pythagoreischen Lehre und fand seinen Ausdruck im Verständnis der Sphärenharmonie. Magische Kulttänze, die in antiken Tempeln getanzt wurden, drückten symbolisch den Lauf der Himmelskörper aus.

Nach ägyptischem Glauben lebten in den Sternen die Toten weiter. Manche antiken Göttinnen, wie zum Beispiel Aphrodite, trugen einen Sternenmantel als Zeichen ihrer himmlischen Zugehörigkeit. Im späten Mittelalter wurde Maria mit diesem Attribut dargestellt. Nach spätjüdischer und frühchristlicher Auffassung wurde jeder Stern von einem Engel behütet (Lurker 1985[3], 656). Im Alten Testament werden die Sterne als Schönheit Gottes (Psalm 147,4), Botschafter im Traum (1. Moses 37,4), Daniels Visionen (Daniel 12,3), Streiter Gottes (Richter 5,20) gepriesen. Sie waren Zeichen für Gottes Ankunft (5. Moses 24,17 und Matthäus 2,2) und

galten als der Inbegriff Gottes (Offenbarung 1,16 und 20).
Das apokalyptische Weib trägt einen Kranz von zwölf Sternen um seinen Kopf. Im Mittelalter wurde dieses Bild aus der Offenbarung auf Maria übertragen (Maria im Sternenkranz). Stern und Strahlenkranz sind mittelalterliche Attribute Marias und Ausdruck ihrer himmlischen Zugehörigkeit und ewigen Seligkeit. Meist ist sie mit einem sechsstrahligen Stern abgebildet, der aus zwei ineinander verschlungenen Dreiecken besteht. Dies soll symbolisieren, daß Maria die Mittlerin zwischen Himmel und Erde ist. Auf altchristlichen Sarkophagen finden wir den Stern als Zeichen der Seligkeit abgebildet. Christus gilt als der wahre Morgenstern, dessen Symbol der achtstrahlige Stern ist. Die darin enthaltene Zahl Vier deutet bereits auf den Stern von Bethlehem und auf das Kreuz hin.

Wir können Tänze in Sternform arrangieren, indem wir vier, fünf oder sechs Tänzer mit ausgestreckten Armen zur Mitte hin tanzen lassen. Wir können die Sternform aber auch in einer Art tanzen, in der wir die Schritte auf den Strahlenlinien anordnen, wie beispielsweise bei den Tänzen auf den Seiten 193 und 204.

Der Kreis

Der Kreis ist neben dem Rad, dem Kreuz, der Spirale und dem Labyrinth die früheste Grundform der Menschheit. Zunächst ist der Kreis der ausgedehnte Punkt und ein Bild des Vollkommenen, in sich Gleichen. Alle Punkte auf der Kreislinie sind gleich weit vom Zentrum entfernt; es gibt kein Voreinander und kein Hintereinander. Der Kreis ist das einfachste Bild des in sich Geschlossenen, Grenzenlosen, Ewigen (Lurker 1987[3], 205f.). Sein Symbol ist der göttliche Kreis, der das Mysterium der heiligen Mitte versinnbildlicht. In den Steinkreisen des Megalithikums (Stonehenge, Carnac), in Megalithtempeln (Malta) und in den frühchristlichen Kuppelbauten und Kuppelmosaiken wurde dieses Göttliche in runden Formen um ein Zentrum herum ausgedrückt.

Der Kreis ist auch das Symbol des Weiblichen schlechthin, da das Weibliche das Runde, Bewahrende, Schützende, Schwangere ist (Riedel 1985).

Das früheste Weltbild im alten Ägypten ist der Kreis, der für den Himmel und für Gott steht, da er in seiner Form vollkommen, ganz und vollständig ist. So bezeichneten die Ägypter als Welt »das, was um die Sonne kreist« (Lurker 1981, 53). Der Kreis ist aber auch die Linie, die in sich selbst zurückkehrt. Sie erinnert an die Schlange, die sich in den eigenen Schwanz beißt. Diese Schlange finden wir in allen Kulturen, Erdteilen und zu allen Zeiten als früheste Form der göttlichen Kraft. Die Kreislinie steht aber auch für die unendliche Wiederholung, für Anfang und Ende in einem.

Die Babylonier teilten den Kreis in 360 Grade und benutzten ihn als Zeitmesser. Da der Kreis Zeit, Ewigkeit und Unendlichkeit symbolisiert, repräsentiert er als Zeitmesser den Kreislauf des Lebens. Die Kreislinie wird auch als Begrenzung verstanden, die etwas umfriedet und das Heilige bewahrt, das innerhalb ihrer Grenzen liegt. Sie markiert eine Unterscheidung zwischen Drinnen und Draußen. Nach Riedel (1985) schließt die Kreislinie das ein, was zusammengehört, was integriert ist, und schirmt dieses Innere nach außen hin ab. Man kann auch einen Kreis um etwas ziehen, das man bannen möchte. Diesem Bannkreis kommt eine magische Bedeutung zu.

In früher Zeit war die kreisrunde Scheibe die wichtigste Darstellung der Sonne. Der ägyptische Sonnengott Re war »der, der in seiner Scheibe ist« (Lurker 1981, 105). Das Rundschild des Sonnengottes wurde später als Attribut des vergöttlichten Kaisers verwendet und wies auf die Himmelsscheibe hin. Später stehen drei ineinander verschlungene Kreise für die Dreieinigkeit.

Weiterhin finden wir die Kreisform als Nimbus auf Heiligenbildern. Er stellt die Lichtausstrahlung dar und wird auch mit dem Vollmond in Zusammenhang gebracht. Symbolisch drückt der Heiligenschein Harmonie, Göttlichkeit und Transzendenz aus. Weitere Abwandlungen des Kreises sind der Strahlenkranz, der Kranz überhaupt und die Krone.

Alle wesentlichen geometrischen Formen lassen sich aus

dem Kreis konstruieren, beispielsweise das Quadrat (die geordnete Welt) und das Dreieck (die Göttlichkeit). Das Quadrat innerhalb des Kreises weist auf die Ganzheit des Alls, nämlich Himmel und Erde, hin. Mystiker sprechen von Gott als Kreis, dessen Mittelpunkt überall und dessen Peripherie nirgends ist (Lurker 1981). Der Kreis ist die geometrische Form, die am schwierigsten zu berechnen ist. Er gilt als Symbol kosmischer Harmonie. Nach Lurker können wir uns dem Wesen des Kreises nur nähern (1981, 9). Weiterhin geht Lurker davon aus, daß das Wesen des Kreises urbildhaft im Innern unserer Seele verankert ist. Es ist die tiefste Sehnsucht des Menschen, beide Kreismittelpunkte in Übereinstimmung miteinander zu bringen – den göttlichen und den eigenen Lebenskreis. Das wäre die Erlösung von Disharmonie, von Kanten und allem So-Sein (Lurker 1981, 7).

Als altes Bild finden wir auch mehrere ineinanderliegende konzentrische Kreise. Ihre Bedeutung ist vielfältig. Alte Weisheiten gehen davon aus, daß der Mensch in diesem Bild in die Tiefen der Unterwelt eintaucht, von wo er in kreisrunden Wirbeln zu neuem Leben wiederkehren wird. Daher sind konzentrische Kreise ein altes Symbol für Tod und Wiedergeburt. Konzentrische Kreise erinnern außerdem an die konzentrische Bewegung der Sterne. Weiterhin versinnbildlicht dieses Bild verdichtete Energie, die sich in den Stufen der Schöpfung darstellt. Schließlich gibt es Darstellungen des Menschen in konzentrischen Kreisen. In der Kabbala ist der erste Mensch ein Abbild der absoluten Vollkommenheit, das in zehn konzentrischen Kreisen, den Schöpfungssphären, dargestellt wurde (Lurker 1981, 171).

Die dreidimensionale Form des Kreises ist die Kugel, die symbolisch weitgehend dem Kreis entspricht. Sie ist ein Symbol des Universums, der Erdkugel, des Sternenhimmels, der Gesamtheit aller einander aufhebender Gegensätze. Der Kreis ist die Grundform des Tanzes. Der Mensch, der sich um sich selbst dreht, erfährt den totalen Kreis als Horizont und kann so den Erdkreis nachvollziehen. Schaut er nach oben, während er sich dreht, so kann er dem Himmelsrund folgen und das ganze Universum im Kreis wahrnehmen.

Wenn wir im Kreis tanzen, setzen wir etwas in die Mitte des Kreises: einen Gedanken, eine Blume, eine Kerze, einen imaginären Baum oder etwas Heiliges. Die Bewegung im Kreis drückt Leichtigkeit, Freischwebendes und Sphärisches aus. Im Kreis zu tanzen heißt, im Sein zu leben. Im Tanz auf der Kreislinie erfährt man das Umgrenzende, Bewahrende, Trennende und Einschließende. Auf die Kreismitte bezogen erfährt man die Gleichheit mit den Mittänzern, den gleichen Weg, den gleichen Abstand zum Zentrum. Indem er mit seinem rechten und linken Nachbarn untrennbar verbunden ist und so selbst zur Kreismitte beiträgt, erfährt der Tänzer seine eigene Mitte, seine Balance, Kongruenz und Gegenwärtigkeit. Alles, was er erlebt, ist wie ein Blick in den eigenen inneren Spiegel.

Im Tanzkreis sein heißt, geborgen und aufgehoben zu sein und dazu beizutragen, daß sich andere aufgehoben wissen. Im übertragenen Sinne sind Tanzkreis und kreisende Bewegung Ausdruck des Weges zu und der Erfahrung mit Gott.

Das Rad

Das Rad ist das älteste Sonnensymbol (Lurker 1987[3], 285f.). Es stellt den Weg der Sonne über den Himmel und durch den Tierkreis dar. Alte Völker stellten sich die Sonne in einem Wagen mit Rädern über den Himmel fahrend vor. Bis heute hat sich der Volksbrauch, zur Sonnwendzeit Feuerräder einen Berg hinunterrollen zu lassen, erhalten.

In ihren Visionen sprechen die beiden Propheten Daniel (Kapitel 7,9ff.) und Hesekiel (Kapitel 1,4ff.) das Bild der Feuerräder an.

Das viergegliederte Kreismotiv symbolisiert die viergeteilte Sonnenbahn, den Inbegriff des Kosmos, da der Sonnenweg den Lauf des Lebens durch Raum (vier Himmelsrichtungen) und Zeit (vier Jahreszeiten) symbolisiert. In der altorientalischen Ornamentik wird das viergeteilte Sonnenrad häufig als Scheibe dargestellt, in deren Mitte ein Quadrat liegt. Die Scheibe ist die Sonne, das Quadrat die Welt, und die Mitte drückt das sakrale Zentrum, den Kosmos aus. Um dieses Zentrum kreisen oft jeweils vier Tiere, Menschen oder Engel.

Aristoteles sagte, daß das Rad die »ewige Wiederkehr des Gleichen« ausdrücke (Lurker 1981, 83). Das Rad wird auch als Gleichnis für die ewige Wanderung verstanden, für den Weg in die Vollkommenheit, in die Zukunft, Veränderung und Befreiung. Das zyklische Denken vom Wiederbeginn und von der Erneuerung findet im Rad seinen Ausdruck. Das Rad wurde auch mit dem Herrscher in Verbindung gebracht, mit dem, der das Rad rollen läßt. Das Christentum sieht im Bild vom Kreuz im Rad den Hinweis auf Christus, den Kosmokrator. Das Rad ist Sinnbild des Lebenslaufes, der nach göttlichem Plan entrollt wird. Hildegard von Bingen sah das Rad als Bild der Gottheit. In der Romantik war es das Sinnbild des Christuslichtes. Rota (Rad) wurde die Mittelrosette an den Fassaden der Kathedralen genannt. Die Rosette wurde immer auf das Bild Christi zentriert. Die Nabe war das göttliche Zentrum, um das sich die ganze Welt dreht. Ursprünglich war diese Rosette ein Kreis mit nabenartiger Mitte und speichenförmiger Unterteilung, der an der Westfassade der Kathedralen angebracht war. Auch fand man an der Außenseite der Kathedralen häufig konzentrische Sonnenräder, deren Bedeutung nicht feststeht.

In mittelalterlichen Paradiesdarstellungen finden wir das Rad als Zeichen des Cherub, der das verschlossene Tor bewacht. In Psalm 77,19 wird vom Rad als »rollendem Donner« gesprochen. Eine alte Handschrift mit Anweisungen für Maler vom Berg Athos beschreibt, wie das Rad auszusehen habe: konzentrische Kreise, in denen allegorische Figuren und graphische Zeichen der Welt dargestellt sind. Die Jahreszeiten, Monate und Tierkreiszeichen sowie die sieben Lebensalter sollen repräsentiert sein (Heinz-Mohr 1971, 243f.). Dies erinnert an die tibetischen Lebensräder, heilige Zeichen, die den Kreislauf der Wiedergeburten symbolisieren.

Auf antiken Gräbern finden wir das Rad der Vergänglichkeit, dessen ständiges Auf und Ab das Leben symbolisieren soll. Das Glücksrad, von Fortuna gedreht, war auch das Schicksalsrad. Weiterhin gibt es das Rad des Zufalls und der Gerechtigkeit oder auch das Rad des Gerichts.

Zur Symbolik des Rades vergleiche zum Beispiel die Tänze auf den Seiten 99 und 157.

Das Kreuz

Das gleichschenklige Kreuz gehört zu den ältesten Grundformen, die die Menschheit kennt. Es symbolisiert auf der einen Seite die Gottheit, die heilige Mitte, die Ureinheit, den Ursprung, die kosmische Energiequelle, auf der anderen Seite den Menschen, der sich mit ausgebreiteten Armen die Dimensionen erschließt. Durch die Vereinigung der beiden Balken in der Mitte wird die Überwindung dualer, spannungsreicher Gegensätze versinnbildlicht.

Die Zahl Vier, die im Kreuz verkörpert ist, steht für die vier Himmelsrichtungen, die vier Weltgegenden, die Jahreszeiten, die Grundelemente, die Paradiesströme, die Cherubime als Thronträger Gottes und die vier Evangelisten (Rosenberg 1976, 28).

Die Horizontale steht für das Weibliche, die Erde und die Materie, während die Vertikale das Männliche, den Himmel und den Geist symbolisiert. Weiterhin erinnert die Horizontale an die Zeit, während die Vertikale die Ewigkeit versinnbildlicht. Der Schnittpunkt ist ein Punkt besonderer Kraft, aus dem sich die ganze Welt in vier Richtungen entfaltet. Eine Rose im Schnittpunkt erinnert an die ursprüngliche Einheit, aus der die Welt entstanden ist.

Das Achsenkreuz, das die vier Himmelsrichtungen verkörpert, war ein altes Weltmodell und zugleich ein Heilszeichen, mit dem der Segen über die magische Welt gesprochen wurde.

Im Christentum galt das Kreuz zunächst als Zeichen der Schande und des Grauens – in Erinnerung an die Kreuzigung. Später wurde das Kreuz zum Heilszeichen und fand seinen Platz auf dem christlichen Altar. Schon im 2. Jahrhundert finden wir die Verbindung von Kreuz und Christusmonogramm. Seit dem 11. Jahrhundert wurden Kirchen mit kreuzförmigem Grundriß gebaut.

Die Geste des Bekreuzigens geht ursprünglich auf Hesekiel 9,4 ff. zurück und bedeutet »gezeichnet sein« im Sinne einer Besiegelung. Im Mittelalter war dies ein Segensgestus und gleichzeitig eine Dämonenabwehr. Christen, die ein Sakrament erhalten wollten, mußten zunächst ein Kreuzzeichen machen.

Eine besondere Form des Kreuzes ist das Hakenkreuz, das schon in der Steinzeit als Flammenrad bekannt war. Meist steht es als Symbol für die Sonne. Weil die Balken des Hakenkreuzes rechtwinklig gerade oder bogenförmig verlängert sind, entsteht der Eindruck einer kreisenden Bewegung.

Die Symbolik des Kreuzes finden wir in Tänzen zu viert, die gegen- und mitsonnen getanzt werden, aber auch in Prozessionstänzen, die in kreuzförmigen Reihen zu tanzen sind (vergleiche die Tänze auf den Seiten 136, 164 und 190).

Die Spirale

Die Spirale ist eine sich ein- oder ausrollende Linie. Von einem Punkt ausgehend weist sie immer weiter über sich selbst hinaus. Konzentration und Expansion sind ihre Kräfte. Daher wurde die Spirale auch mit den zyklischen Phasen des Mondes und des Meeres in Verbindung gebracht. Frühe Kulturen betonten den Zusammenhang des Mondes mit dem Wasser. Nach polynesischer Vorstellung wirkt das Wasser lebenserneuernd auf den Mond. Meerestiere, Muscheln und Schnecken zeigen eine besonders deutliche Spiralzeichnung.

Die rechtsdrehende Spirale, die vom Mittelpunkt ausgehend im Uhrzeigersinn läuft, stellt sich als ausrollend, evolutionär dar und symbolisiert den zunehmenden Mond, die Flut und das Leben. Die linksdrehende Spirale geht vom Mittelpunkt aus betrachtet den einrollenden Weg zurück zum Ursprung und symbolisiert das Involutionsprinzip, den abnehmenden Mond, die Ebbe und den Tod. Die Doppelspirale gehört zu den ältesten Symbolzeichen der Menschheit und betont die Zusammengehörigkeit von Leben und Tod (Riedel 1985, 115).

Die Spirale gehört wie Kreuz und Kreis zu den Urformen des Lebens. Wir finden sie bereits in prähistorischer Zeit auf Felsbildern und Megalithbauten. Ihr Symbolgehalt ist jedoch nicht eindeutig. Schon früh wurde sie in Zusammenhang mit der zyklischen Bewegung von Sonne und Mond gesehen. Werden und Vergehen werden durch sie versinnbildlicht. In der Steinzeit taucht die Spirale als organisches Fruchtbarkeitssymbol auf und weist auf die Erneuerung des Lebens hin. Spiralförmiges Neujahrsgebäck hat sich in Österreich bis in unsere Zeit erhalten und wird mit der Strahlkraft der Sonne in Verbindung gebracht.

Tänze in Spiralform können gegensonnen (gegen den Uhrzeigersinn) zur Mitte führen und dort enden. Manche Tänzer erleben diese Bewegung als Zugehen auf die Mitte, als Zusammengehörigkeit und Geborgenheit, andere fühlen sich durch die dichte Bewegung beengt und bedroht. Halboffene Tänze im Kreis, die mit spiralig wirkenden Schritten getanzt werden, werden auch mit dem Mond in Verbindung gebracht.

Zu erwähnen ist hier auch der Tanz um die eigene Achse, wie etwa der Tanz der Sufiderwische aus dem Mevlevi-Orden, das sogenannte Mukabele, der das Ich des Tänzers auslöscht, so daß dieser sich mit Gott verbinden kann (B. Wosien 1988, 100).

Beispiele für Tänze in Spiralform sind die Tänze auf den Seiten 170, 177, 184 und 195.

Das Labyrinth

Auch Labyrinthe sind Spiralwege. Im Altertum symbolisierten sie den Abstieg in die Unterwelt. Der Gang durch das Labyrinth bedeutet loszulassen, sich auszuliefern, sich hineinzubegeben, den Verlust der geistigen Kontrolle. Das Herausfinden hingegen führt zu neuen Erkenntnissen. So ist der Gang durch das Labyrinth als Initiationsakt zur Gewinnung von Unsterblichkeit zu verstehen. Das Hineingehen ins Labyrinth, in die Mitte, bedeutet nicht das Ende durch den Tod, sondern Transformation (Umkehrung). Durch die Wende in der Mitte wird der Tod zum Leben.

Labyrinthe mit magisch-sakraler Bedeutung gibt es in zahlreichen Kulturen. Hoffman (1984, 105) geht davon aus, daß kreisförmige Feldbahnen, die man beispielsweise in England (Glastonbury) und in Schweden findet, Vorläufer des Labyrinths sind.

Die Hopi-Indianer nannten das Labyrinth »Mutter Erde«

und sahen darin den Lebensweg des Menschen, der vom Schöpfer vorgezeichnet ist (Lander 1983, 146). Ein kretischer Mythos bezeichnet die Behausung des menschenverschlingenden Minotaurus als Labyrinth. Auch hier bedeutet der Gang durch das Labyrinth den Abstieg in die Unterwelt. Dem Helden Theseus gelingt es, das Ungeheuer zu töten und seinen Weg aus dem Labyrinth mit Hilfe des Fadens zu finden, den ihm Ariadne gegeben hatte.

Das Christentum übernahm das antike Bild vom Labyrinth als Zeichen für die Überwindung des Todes durch Wiedergeburt und verwendete das Labyrinth vor allem als Fußbodenornament in den Kirchen. Dort durchschritten die Gläubigen das Ornament als Nachahmung des Leidenswegs Christi, oder sie vollzogen auf diese Weise symbolisch die Pilgerfahrt nach Jerusalem nach. Außerdem galt das Labyrinth als Symbol für das menschliche Leben mit seinen Prüfungen, Verzögerungen und Wandlungen.

Labyrinthtänze ähneln den Tänzen in Spiralform. Wohl in Anlehnung an den Mythos vom Liebesfaden der Ariadne, durch den Theseus den Weg aus dem Labyrinth des Minotaurus fand, wurden in Knossos rituelle Frühlingstänze durchgeführt, bei denen sich Jungen und Mädchen in Spiralen ein- und dann wieder ausdrehten. Materialien wie Bänder oder Tücher wurden schon früh mit Labyrinthtänzen in Verbindung gebracht. Hoffman vermutet, daß sich der Labyrinthtanz aus einem Bändertanz um den Maibaum oder Weltenbaum entwickelt hat (1984, 106).

Die Schlange

Die Schlange spielt in den meisten Kulturen eine überaus wichtige und sehr vielgestaltige Rolle als Symboltier. Einerseits wird sie mit der Erde und mit Erdgottheiten in Verbindung gebracht und erinnert an das gesundende, sich ständig regenerierende Leben, indem sie sich häutet, andererseits galt sie als todbringend und in der Unterwelt hausend (ägyptische und afrikanische Mythen). So wird die Schlange zum Symbol für Leben und Tod.

41

Die Schlange ist auch ein Sexualsymbol. Nach Erich Neumann (1987², 143) weist sie auf die Beziehung des Weiblichen zum zeugenden Männlichen hin.

Positive Deutungen der Schlange verstehen sie als königliches Symbol, das Gottesnähe, Weisheit, Wissen und Macht verdeutlicht. Die eherne Schlange des Moses ist ein Symbol für Christus und damit ein Heilszeichen (Lander 1983, 134). Negative Deutungen sehen die Schlange als Drachen und als Bild der Sündhaftigkeit und der Verführung.

Eines der ältesten Schlangensymbole ist Ouroboros, die Schlange, die sich selbst in den Schwanz beißt und dadurch wie ein Kreis erscheint. Der Ouroboros steht für den psychischen Anfangszustand und die Ursprungssituation, in der das menschliche Bewußtsein und das Ich noch klein und unterentwickelt sind. Er ist das »große Runde«, in dem gegensätzliche Elemente miteinander vermischt sind – das Männliche und das Weibliche, das Positive und das Negative (Neumann 1987², 33).

Im Tanz finden wir die Schlangensymbolik in wellen- oder schlangenförmigen Bewegungen. Eine »Schlange« von Tänzern ist auch der Anfang von Kreis- und Spiraltänzen.

Die Prozession

Prozessionen, Pilgerwege also, waren sicherlich schon vor unserer Zeitrechnung bekannt. Wir erinnern uns in diesem Zusammenhang an den Einzug Jesu in Jerusalem und an die Wallfahrten zum heiligen Tempel während des Passahfestes. Ein mittelalterlicher Pilgerweg führte von Vézelay in Frankreich bis nach Santiago de Compostela in Spanien.

Mit der Prozession als Tanzform verbinden wir die Erfahrung mit der Linie und der Reihe. Als Prozessionsschritte eignen sich überlieferte Mönchsschritte (siehe Seiten 132 und 145).

Zahlensymbolik

Auch die Symbolik der Zahlen spielt eine Rolle im Tanz und übt, wenn auch vielleicht nur unbewußt, eine Wirkung auf die Tänzer aus. Die Anzahl der Tänzer spielt ebenso eine Rolle wie ihre zahlenmäßige Anordnung in der Struktur des Tanzes. Nicht zuletzt hat auch die Musik ihren eigenen Zahlenschlüssel in Form des Taktes und des Rhythmus.

Eins: Die Eins ist die Zahl des Urgrundes, der Alleinheit, der Schöpfung, des Universums.

Zwei: Mit der Zwei beginnt die Teilung, die Polarität: Licht und Finsternis, Tag und Nacht, Gut und Böse, Mann und Frau. Auch die Zwiespältigkeit und der Zwei-fel beginnen. Mit der Zwei nehmen wir Konfrontation, Konflikt und Trennung in Kauf, gewinnen aber auch die Dynamik der Gegensätze.

Drei: Die Drei beschert uns Mitte und Ausgleich. »Aller guten Dinge sind drei.« Für Dante stellt sich in der Drei das Prinzip der Liebe dar, die synthetische Kraft (Endres/Schimmel 1985, 74). Das Auge Gottes wird häufig in einem Dreieck dargestellt. Im Meditationstanz hat ein Dreierschritt eine ganz bestimmte Schwingung.

Vier: Mit der Vier wird die materielle Ordnung hergestellt. Die vier Mondphasen (Neumond, zunehmender Mond, Vollmond, abnehmender Mond) machen den Mond zum Ordner der Zeit. Die vier Himmelsrichtungen schaffen die Ordnung des Raumes. Die Viererordnung der Welt setzt sich fort in den vier Elementen, den vier Jahreszeiten, den vier Tageszeiten und so weiter. Die Vier steht für die doppelte Polarität und für das Kreuz. Das Kreuz und die Vier sind Symbole für den unerlösten Menschen (Benedikt 1985, 222).

Fünf: Die Fünf ist die Essenz. Das Pentagramm ist das Bild des »frei liebenden Menschen, der sich mit Armen und Beinen und seinem Bewußtsein in Raum und Zeit hineinstreckt, um die Welt zu umarmen« (Benedikt 1985, 225). Wir haben fünf Finger an jeder Hand, fünf Sinne; fünf Wunden hatte Jesus am Kreuz. Aus der viergegliederten kreatürlichen Welt erhebt sich der Mensch als das Fünfte. Lebendes Symbol für die Fünf ist die Rose.

Sechs: Die Sechs ist eine sogenannte vollkommene Zahl, da sie sich aus der Summe ihrer Divisoren ergibt, also $1 + 2 + 3$. Das Hexagramm, der sechszackige Davidstern, setzt sich aus zwei gleichseitigen Dreiecken zusammen. Die zwei Dreiecke sind Sinnbilder zweier Welten, die einander begegnen. Mann und Frau, Körper und Seele, Seele und Geist, Himmel und Erde sind in der Sechs verkörpert. Der Lotos und die Lilie sind lebende Symbole der Sechs (Benedikt 1985, 234).

Sieben: Die Sieben ist eine magische Zahl. Wir kennen sieben Schöpfungstage, sieben Meere, den siebenten Himmel, sieben Sakramente, sieben Todsünden und sieben Tugenden, sieben magere und sieben fette Jahre, sieben Weltwunder, sieben Farben des Regenbogens, sieben Planeten, sieben Töne der Oktave und so weiter. Am siebenten Tag der Belagerung von Jericho umkreisten sieben Priester siebenmal die Stadt. Indische Hochzeitspaare umrunden siebenmal das heilige Feuer und sind dann getraut.

Die Sieben ist eine Zahl der Vollständigkeit, mit der wir in die dritte Triade (1-2-3, 4-5-6), also in eine neue Bewußtseinsstufe eintreten. In der Sieben begegnen sich die göttliche Trinität (3) und die irdische Welt (4) und bilden ein Ganzes.

Siebzig mal siebenmal sollen wir unserem Bruder vergeben, sagt Jesus zu Petrus (Matthäus 18,22).

Acht: Die Form der Acht entspricht einem senkrecht stehenden Unendlichkeitszeichen. In diesem Zeichen sind der Mittelpunkt, der Gegensatz beider Seiten, aber auch die Harmonie enthalten. Die Acht ist also Sinnbild polarer Spannung, zyklischer Bewegung, des Gleichgewichts und der Harmonie. Im Altertum stand die Zahl Acht für das kosmische Gleichgewicht, bei den Babyloniern war sie die »Zahl der Gottheit«. Geometrisch vermittelt das Achteck zwischen dem Quadrat und dem Kreis, was für die Architektur von Kuppelbauten von Bedeutung war. Acht Speichen hat das Glücksrad, ebenso wie das altgermanische Jahresrad (Endres/Schimmel 1985, 172).

Neun: Die Neun ist die potenzierte heilige Drei, die als die himmlische Vollkommenheit verstanden wird. In alten Kosmologien spielt die Neun eine besondere Rolle. Benedikt bezeichnet die Neun als Zahl der Erneuerung, der Transformation und der Wandlung (1985, 247).

Zehn: Die »Zehn ist die Verwirklichung der im ersten Saatwort (1) ausgestreuten Potenz (0) Gottes. Die Null, obwohl für sich ohne jegliche existenzielle Erscheinung oder Form, verleiht der Eins hier ihre Kraft... Ihr Symbol ist der Kreis mit dem Punkt. Er verkörpert die entfaltete Schöpfung, zentriert in ihrem Ursprung.« (Benedikt 1985, 253)

Die Zehn ist das »abgerundete Ganze« (Endres/Schimmel 1985, 197), die Summe der ersten vier Zahlen.

Zwölf: Die Zwölf ist eine Weisheitszahl. In der Zwölf sind die heiligen Zahlen Fünf und Sieben enthalten, zweimal die Sechs, dreimal die Vier und viermal die Drei. Zwölf Monate hat das Jahr, zwölf Jünger wählte Jesus sich, und zwölfmal zwölf Auserwählte nehmen an der Anbetung des Lammes teil (Benedikt 1985, 266).

Sechzehn: Die Sechzehn ist eine Zahl des Maßes, der Vollkommenheit. In der Musik Bachs finden wir oft Melodiezyklen, die über sechzehn Takte mit je vier Schritten gehen.

Zur Symbolik der Tänze mit Material

Bei einigen Tänzen werden Bänder, Kerzen, Stäbe oder Tücher eingesetzt, um die Gebärden zu unterstützen. Dieses Material hat jeweils eine eigene Symbolik.

Bänder

Bänder stellen eine besondere Art von Verbindung her. Bei osteuropäischen Völkern kennt man den Bändertanz als Liebesband- oder Hochzeitstanz.

Das Neue Testament spricht vom »Band des Friedens« (Epheser 4,3) und von der Liebe als dem »Band der Vollkommenheit« (Kolosser 3,14).

Kerzen

Die Kerze ist wahrscheinlich etruskischen Ursprungs. Von den Etruskern übernahmen die Römer das Kerzenbrauchtum und verwendeten Kerzen in ihren Tempeln und bei Begräbnissen. Die Kerze galt als Symbol der wiederkehrenden Sonne und auch als Symbol des Lebens. Am Vorabend des Saturnalienfestes begrüßten sich die römischen Bürger mit Kerzen.

Im Christentum erhielt die Kerze eine besondere Bedeutung. Der brennende Kerzendocht, der das Wachs zum Schmelzen bringt, sollte auf die Beziehung zwischen Geist und Materie hindeuten. Kerzen waren Sinnbilder für das ewige, himmlische Licht und wurden aufgestellt, um die Toten zu ehren und den Hinterbliebenen Trost zu spenden. Brennende Kerzen in Verbindung mit dem Weihnachtsbaum sind erst seit der zweiten Hälfte des 18. Jahrhunderts bekannt. In den nordischen Ländern, wo Licht und Finsternis noch viel unmittelbarer erlebt werden, wird am 13. Dezember das Fest der heiligen Lucia gefeiert, an dem eine Frau mit einer brennenden Kerzenkrone auftritt.

Stäbe

Der Stab hat eine sehr vielschichtige Symbolik. In den Kulten antiker Muttergottheiten war er ein Symbol der Fruchtbarkeit (Lurker 1985[3], 651). Der grünende Stab des Moses, ein göttliches Zeichen, ist uns aus dem Alten Testament bekannt (2. Mose 4,3). Als Josef seinen Stab vor den Altar stellte, begann er zu grünen zum Zeichen dafür, daß Josef der Mann Marias sein sollte, berichtet eine alte Legende (*Legenda Aurea* 1925, 250).

In seiner Bedeutung als Zauber- und Heilsstab kennen wir ihn als den Stab des griechischen Gottes Asklepios. Dieser Schlangenstab, das Attribut des Dienens und Heilens, ist als Wahrzeichen der ärztlichen Kunst bis heute erhalten geblieben. Auch Jesus wird in der altchristlichen Kunst als Wunderheiler mit dem Stab dargestellt (Lurker 1985[3], 49).

Der Stab ist aber auch ein Symbol für Macht und Wissen, was sich im Zepter der Herrscher ausdrückt. Seit dem 5. Jahrhundert gilt der Krummstab als Zeichen der Bischöfe und Äbte (Heinz-Mohr 1971, 272). Weiterhin gibt es den Hirten- oder Pilgerstab und den Botenstab, den beispielsweise der Erzengel Gabriel trägt, als er Maria die Ankunft des Herrn verkündet.

Tücher

Tücher können Symbole für Verbindung, Heiligung und Heilung, aber auch für Trauer sein.

Tücher schwingen wir zum Zeichen des Abschieds, oder wir verbergen unser Gesicht darin, wenn wir traurig sind. Das Tuch, das auf mittelalterlichen Bildern über dem Kreuz Christi hängt, ist ebenfalls ein Zeichen der Trauer. Das Schweißtuch der Veronika hingegen wurde zum heilenden Tuch.

Die Praxis des Meditationstanzes

Körperbewußtsein und Bewegungselemente

Körperbewußtsein bedeutet zunächst die Wahrnehmung des
eigenen Körpers. Unser Körper besteht aus einer senkrechten
und einer waagerechten Achse. Mit den Füßen stellen wir den
Kontakt zur Erde her, mit dem Kopf den zum Himmel. Aufrecht stehend erleben wir demnach Höhe und Tiefe gleicher-
maßen. Breiten wir die Arme aus, so spüren wir die Waage-
rechte in uns, die Weite unseres körperlichen Raumes.
Um unsere senkrechte Achse, die Wirbelsäule, können wir
uns in einem bestimmten Raum drehen und wenden. Wir
können mit unserem Körper vor- und zurückschwingen, uns
nach rechts und nach links ausweiten und mit Beinen und
Füßen die Balance halten.
Beim Meditationstanz hat jeder Tänzer zunächst mit seinem eigenen Körper zu tun. Unweigerlich ist er aber auch mit
den anderen Tänzern im Kreis verbunden, denen er die
Hände reicht. So wächst sein Bewußtsein, ein Teil des Ganzen
zu sein.

Die Position

Position bedeutet die Ausgangsstellung der Tänzer und der
Gruppe. Jede Position hat ihre eigene Wirkung. Stehen die
Tänzer mit dem Gesicht zur Kreismitte, so sind sie zentriert
und erleben sich gegenseitig mit der gesamten Vorderseite
ihres Körpers. Unter Umständen erleben sie ihr Gegenüber
sogar als Konfrontation oder als Spiegelbild.
Stehen die Tänzer mit der jeweils linken Schulter zur Kreismitte, dann geben sie ihre Energie auf der äußeren Kreislinie
an die Gruppe weiter. Jeder Tänzer erlebt dann den Rücken
des Tänzers vor ihm.

48

Beginnt der Tanz auf der inneren Kreislinie, also in der Mitte, sind die Tänzer dem Zentrum so nah wie möglich. Haben sich die Tänzer an den Händen gefaßt, so halten sie sich gegenseitig und spüren sich selbst und die anderen. Halten sie sich nicht an den Händen, so bilden sie zwar auch einen Kreis, stehen jedoch »selb-ständig« und gemeinsam, aber eben nicht zusammen.

Die Handfassung

Nur, wenn wir loslassen, können wir wieder empfangen. Im Meditationstanz lassen wir los, indem wir uns selbst aufrecht halten und die Arme locker nach unten hängen lassen. Wollten wir wie beim Folklore- oder Ausdruckstanz nach außen wirken, würden wir wohl die Arme anwinkeln. Hier geht es aber genau um das Gegenteil, nämlich nicht darum, eine Wirkung nach außen zu erzielen, sondern darum, sich selbst zu zentrieren, loszulassen, um dann die Erfahrung mit dem Innenraum des Körpers zu machen.

Bei der »üblichen Handfassung« stehen die Tänzer einzeln und halten die rechten Hände so, daß die inneren Handflächen zum Himmel weisen. Mit der rechten Hand empfangen sie das göttliche Licht von oben, lassen es durch ihren Körper fließen und geben es mit der linken Hand weiter. Die linken inneren Handflächen weisen demnach nach unten, in Richtung Erde. Wenn sich die Tänzer so an den Händen fassen, kann die Energie durch die gesamte Gruppe fließen. Jeder ist nun Empfangender (mit der rechten Hand) und Gebender (mit der linken Hand).

Diese Handfassung wird von Bernhard Wosien und in Findhorn gelehrt (siehe auch Feild 1981, 145). In anthroposophischen Kreisen soll man die Hände genau umgekehrt halten. Letztlich ist es nicht entscheidend, welche Hand man als die gebende und welche als die empfangende definiert. Wichtig ist nur, daß der Leiter eine Handfassung festlegt, die von allen Tänzern eingehalten wird. Dann ist gewährleistet, daß jeder sowohl Empfangender als auch Gebender ist und daß die Energie in einer Richtung fließen kann.

Will man den über die Hände verbundenen Kreis wieder auflösen, so deutet man dies seinen jeweiligen Nachbarn durch einen leichten Händedruck an, damit sie sich auf die Unterbrechung des Kreises einstellen können.

Sonderformen der Handfassung sind das Kreuzen der Arme vor den Körpern, auf den Rücken oder in den Hüften der benachbarten Tänzer. Hierbei kreuzt der rechte Arm vor dem Körper des rechten Nachbarn, und der linke Arm wird über den rechten Arm des linken Nachbarn gehoben. Dieselbe Regel gilt, wenn man die Arme auf dem Rücken kreuzt oder die Hände auf die Schultern der Nachbarn legt.

Die Gebärde

Gebärden werden während des Meditationstanzes nur sehr sparsam eingesetzt. Sie sollen lediglich das zentrierte innere Erleben unterstützen. Eine größere Rolle spielen sie beim religiösen Ausdruckstanz, der Verkündigungscharakter hat.

Gebärden können Flehen, Bitten, Lob, Anbetung, Dank, Klage, Trauer, Freude, Segen ausdrücken. Zu den wichtigsten Gebärden im Meditationstanz gehören:

- die Hände in Richtung Kreismitte öffnen (bitten, danken);
- die Tänzer fassen sich an den Händen, gehen zur Kreismitte und heben gemeinsam die Arme (ein schützendes Zelt);
- auf der Kreislinie oder in der Kreismitte heben die Tänzer, die sich an den Händen halten, gemeinsam die Arme (Lob und Preis).

Die letztgenannte Gebärde ist die sogenannte Orante-Haltung des Anbetenden.

Als Unterstützung der Gebärde wird in manchen Tänzen Material (wie Bänder, Tücher, Stäbe, Kerzen) verwendet.

Die Schritte

Die Art der Schritte kann man als Grundform im Raum bezeichnen, ihr Tempo hingegen als Grundform in der Zeit. Jede Schrittart hat ihre eigene Schwingung, die vom Körper ausgelöst wird und sich als Gruppenschwingung durch die tanzende Gruppe fortsetzt. Schrittfolge und Schrittempo tragen zu dieser Gruppenschwingung bei, die ein wesentliches Element des meditativen Erlebens beim Tanz ist.

Gehen oder schreiten: Damit ist ein sanfter, gleitender und gleichmäßiger Schritt gemeint, nicht schleifen, schlendern, nicht mit den Hüften wippen, nicht marschieren.

Seitschritt: Mit dem Gesicht zur Mitte setzen wir den rechten Fuß seitlich nach rechts und den linken Fuß daneben.

Kreuzschritt*: Mit dem Gesicht zur Mitte setzen wir den rechten Fuß nach rechts, kreuzen den linken Fuß vor dem rechten und setzen ihn seitlich neben den rechten. Danach setzen wir wieder den rechten Fuß seitlich nach rechts:

Wir können so auch den linken Fuß hinter dem rechten kreuzen:

Hüpfen: Im Meditationstanz hüpfen wir meist nur leicht, indem wir beispielsweise einen Fuß stärker betonen und dabei mit demselben Bein etwas einknicken. Dies geschieht leicht, wenn wir den letzten Schritt vor einem Richtungswechsel machen, etwa vier Schritte vor: rechts, links, rechts, links und vier Schritte zurück: rechts, links, rechts, links. Der vierte

---

* Dieser Schritt wird häufig in israelischen, griechischen oder osteuropäischen Folkloretänzen verwendet und heißt »grapevine«-Schritt, weil er mit den sich windenden Reben im Weinberg verglichen wird.

51

Schritt, der linke, kann hier etwas betont sein, wobei das Bein eventuell etwas wippend einknickt.

Drehen: Drehen ist im Grunde überhaupt kein Schritt, sondern geschieht aus der Wirbelsäule heraus auf ein und demselben Fuß.

Wechselschritt: Beim Wechselschritt setzen wir die Füße meist dreimal abwechselnd, wobei der mittlere Schritt an den ersten angesetzt wird, also: rechts, links, rechts – links, rechts, links. Der Wechselschritt wird durch den Rhythmus betont, beispielsweise lang-kurz-lang oder kurz-kurz-lang.

Folgende drei Schrittarten werden hauptsächlich bei Prozessionstänzen verwendet.

Mönchsschritt: Schrittfolge: rechts vor, links an – rechts vor, links an. Dieser Schritt verlangt große Balance. So gingen früher die lesenden Mönche in Reihen – natürlich unangefaßt.

Sufischritt: Diese Schrittfolge geht man angefaßt auf der Kreislinie oder in einer Reihe hintereinander: Rechts setzt vor, links tippt daneben – links setzt vor, rechts tippt daneben.

Prozessionsschritt: Angefaßt, in Reihen hintereinander geht man drei Schritte vor, rechts, links, rechts, und einen Schritt zurück (eigentlich wippt man nur zurück). Andere Varianten sind:
fünf Schritte vor und drei Schritte zurück
oder: fünf Schritte vor und einen Schritt zurück.

Die Tanzrichtung

Im allgemeinen wird gegensonnen getanzt, also gegen den Uhrzeigersinn. Die Sonne dreht sich scheinbar im Uhrzeigersinn um die Erde. Die Erde läuft gegen den Uhrzeigersinn. Die Tänzer tanzen also in der Richtung, in der sich die Erde dreht – der Sonne entgegen. Die Bedeutung dieser Bewegung liegt darin, daß wir auf der Erde noch nicht im vollen Licht leben und daß unser Weg dem Licht, der Sonne, entgegengeht.

Die Tanzform

Die Tanzform ist das Gesamtbild des Tanzes. In ihr fließen folgende Elemente zusammen:

Musik – Stil, Rhythmus, Tempo, Dynamik
Bewegungsart – Handfassung und Schrittfolge
Bewegungsfolge – Raumwege, Bewegungsphasen, Wiederholungen
Tanzstruktur – Bewegungsmuster, Deutlichkeit der Tanzspuren
Gruppe – das von der Gruppe getanzte Gesamtbild

Jede Tanzform hat eine bestimmte Bedeutung, die erfahrbar gemacht werden kann, indem man einzelne Elemente durch einfache, immer wiederkehrende Schrittfolgen betont. So können wir beispielsweise die äußere Kreislinie betonen und damit die Umgrenzung spüren, indem wir in seitlichen Schritten auf der Linie tanzen, gegen- oder mitsonnen schreiten oder die Füße beim Gehen auf der Linie überkreuzen. Wenn wir die Nähe zum Zentrum fühlen möchten, betonen wir mit gleitenden seitlichen Schritten die innere Kreislinie. Das Zentrum können wir betonen, indem wir in geraden, schrägen oder bogenförmigen Linien auf die Mitte zu- oder von ihr weggehen. Das Überschreiten der äußeren Kreislinie verdeutlicht das Gefühl des Loslassens und sich Weitens.

Die ständige Wiederholung der Tanzform läßt die Gruppe allmählich die gesamte »Sprache« des Tanzes erfahren und erfassen und seine Einzelteile als Ganzes erleben. Die Dauer des Tanzes kann dabei über die Qualität des Erlebnisses entscheiden. Die häufige Wiederholung der Tanzform führt den Tänzer allmählich in tiefere Ebenen seiner eigenen Mitte. (Anfänger tanzen meist fünf bis fünfzehn Minuten lang, während Fortgeschrittene längere Tänze von dreißig bis fünfundvierzig Minuten bevorzugen.)

Die Musik

Jeder Musikstil hat eine bestimmte Ausstrahlung und spricht eine bestimmte Bewußtseinsebene im Menschen an. Mittelalterliche Messen und gregorianische Musik eignen sich beispielsweise für klare, strenge Schritte, also auch für Prozessionen und Kerzentänze. Klassische Musik aus der Barockzeit (zum Beispiel Bach und Vivaldi) ist rhythmisch sehr klar strukturiert. Musik von Haydn, Mozart oder Beethoven drückt mehr Lieblichkeit und Weichheit aus und eignet sich für runde Formen im Kreis. Zeitgenössische intuitive, spirituelle, meditative Musik, auch Sphärenmusik oder kosmische Musik genannt (beispielsweise von Deuter, Horn, Kitaro, Kobialka, Vangelis) führt das Gefühl des Hörers in Weiten und Höhen. Sie wirkt befreiend und bewußtseinserweiternd. Man muß sich einhören, um sich für die jeweils angemessene Schrittfolge inspirieren zu lassen. Streichmusik wirkt weich und sanft und fördert zarte Bewegungen. Gesang wiederum löst ganz andere Reaktionen beim Hörer aus. Einige der im Anhang aufgeführten Bücher über Musik verdeutlichen den Zusammenhang zwischen Musikstil und Bewußtseinsebene (zum Beispiel: Berendt 1985, Halpern 1985, Hamel 1980, Lingerman 1984, Tegtmeier 1985).

Tanzform und Sprache

Die Art und Weise, wie das gesprochene Wort den Tanzschritt begleitend unterstützt, kann dem Anfänger die Tanzform leichter zugänglich machen, denn jeder Tanzform entspricht eine bestimmte Tanzsprache. Dabei spielt die Wahl der Worte eine ebensolche Rolle wie die Anpassung des Sprechtempos an den Rhythmus der Musik. Tänzer, die Schwierigkeiten haben, die Anweisungen »rechts« und »links« umzusetzen, weil sie die Seiten ständig verwechseln, kann man darauf hinweisen, daß sie ihre Nachbarn nachahmen sollen. Um die Begriffe ganz zu umgehen, kann man auch vom »äußeren« oder »inneren« Bein sprechen und »gegensonnen« und »mitsonnen« statt »rechts herum« und »links herum« zu sagen.

Wenn die Teilnehmer einer Meditationstanzgruppe sich Tänze notieren wollen, so läßt man sie am besten ihre eigene Schreibform finden, die ihnen später das erneute Umsetzen des Geschriebenen in die Tanzpraxis erleichtert. Eine allgemein verständliche Schreibform geht von folgenden Worten aus: rechts, links (auch »re«, »li« geschrieben), vor, zurück, seit, an, kreuzt vor, kreuzt zurück. Eine Schemazeichnung des im Tanz zurückgelegten Weges unterstützt die Vorstellung von der gesamten Tanzform.

Der Tanzraum

Der Raum, in dem der Meditationstanz stattfindet, hat eine bestimmte Atmosphäre und spielt daher auch eine entscheidende Rolle für den Tanz. Am besten eignen sich Gottesdiensträume, die auch für andere Zwecke benutzt werden dürfen, oder andere Gruppenräume. Ist der Raum zu groß, dann kann er beispielsweise durch Stühle zu einem überschaubaren Tanzraum abgegrenzt werden. Als Fußbodenbelag eignet sich Parkett am besten, da es guten Fußkontakt bietet und die Schritte der Gruppe hörbar macht. Auch Teppichboden ist geeignet, obwohl man darauf die Tanzschritte nicht mehr so gut hören kann. Fliesen sind weniger gut geeignet, weil sie nicht nachgeben und man auf ihnen nicht lange hüpfen kann.

Große Glasfenster können im Dämmerlicht oder im Dunkeln zur Gesamtwirkung von Kerzentänzen beitragen, da sich in den Scheiben Kerzen und Tänzer wunderschön widerspiegeln.

In den Tanzpausen können die Tänzer auf Stühlen sitzen oder auch auf Kissen oder Decken, die am Rand der Tanzfläche liegen. Im Meditationsraum sollte auf keinen Fall geraucht werden.

Manchmal ist es sinnvoll, die Tanzform am Raum zu orientieren. Wenn beispielsweise in der Mitte des Raumes eine Säule steht, eignet sich dieser für Reihentänze, Prozessionsschritte, Kreistänze auf der Linie und so weiter. Wenn der Raum sehr klein ist, eignet er sich für Kreistänze mit wenig Bewegung, wie Mönchsschritte, Seitschritte und Spiralen in den Kreis und aus dem Kreis. Lange, rechteckige Räume bieten unter anderem einen guten Rahmen für Tänze in Reihen oder in Kleingruppen (zu drei, vier oder fünf Personen) auf der Kreislinie.

Meditationstanzmodelle

Gruppenorientierter Tanz

Ziel dieses Konzepts ist die Förderung der sozialen Beziehungen in der Gruppe. Dabei müssen vor allem einzelne Phasen der Gruppenentwicklung berücksichtigt werden: der Aspekt von Fremdheit und Vertrautheit, das gewünschte Maß an Nähe und Distanz, der Umgang mit Sympathien und Antipathien, die Bereitschaft zur Kooperation und Verantwortung für die Gruppe als Ganzes.

Zur Förderung des Kontaktes ist ein Begrüßungstanz geeignet, bei dem man einfache Schritte geht, die symbolisch das aufeinander Zu-, das voneinander Weg- und das Weitergehen ausdrücken (zum Beispiel der Tanz auf Seite 226).

Der Kreuzschritt (rechts seit, links kreuzt vor rechts; rechts seit, links kreuzt hinter rechts) eignet sich, um Wendigkeit und Kooperation zu üben. Wenn sich die Gruppe mit vor den Körpern gekreuzten Armen an den Händen hält, weckt dies meist Zuwendung und Vertrauen (Tanz auf Seite 125). Nähe kann durch enge seitliche Schritte, bei denen man fast gleitet, gefördert werden (Tänze auf den Seiten 97 und 179). Tänze, die sich um die äußere Kreislinie bewegen, drücken ein Gefühl von Distanz aus (Seiten 185 und 186).

Ein Abschiedstanz kann einen Abend oder ein ganzes Projekt beenden. Dazu eignen sich Tänze, in denen jeder Teilnehmer den Zeitpunkt seines Ausscheidens aus dem Kreis selbst bestimmen kann. Er drückt dann die Hände seiner beiden Nachbarn und verläßt den Kreis, um sich zu setzen oder den Raum zu verlassen. Beim gruppenorientierten Tanzmodell ist die Reflexion des Erlebten, beispielsweise in Form eines Gesprächs nach dem Tanz, wichtig. Sie unterstützt den Prozeß der Beziehungsfindung und gibt Hinweise, welche weiteren Tänze für die Gruppenentwicklung förderlich sind.

Bewegungsorientierter Tanz

Bei diesem Konzept geht es darum, die Gruppe über Bewegung in ihr soziales und geistiges Zentrum zu führen. Folgende Bewegungsabläufe können dabei hilfreich sein:

- gleichmäßiges Schreiten in die Kreismitte und aus der Kreismitte heraus (Tänze Seiten 104 und 252);
- Schrittwechsel (Tanz Seite 194);
- langsames Schreiten in der Reihe (Tänze Seiten 115 und 132);
- tanzen in einer kleinen Gruppe von drei, vier oder fünf Tänzern (Tanz Seite 102);
- kreuzen: linker Fuß vor oder hinter dem rechten Fuß (Tänze Seiten 227,247 und 248);
- runde Formen im Kreis gehen (Tänze Seiten 123 und 232);
- den Kreis überschreiten (Tänze Seiten 92, 186 und 203);
- die Arme schwingen (Tänze Seiten 102 und 154);
- den Körper ausbalancieren (Tänze Seiten 97, 105, 110 und 117);
- die Arme anbetend heben (Tänze Seite 89, 94 und 216).

Jeder Tänzer macht dabei individuelle Erfahrungen mit seinem Körper, spürt, wo er verkrampft und wo er gelöst ist. Über die Botschaften seines Körpers lernt er auf sich selbst aufmerksam zu werden. Er wird auch feinfühliger für die physischen Befindlichkeiten seiner Mittänzer und lernt so, sich selbst und die anderen zu akzeptieren, mitzutragen und zu fördern.

Wenn man die physische Situation der Tänzer bewußt in den Mittelpunkt stellen möchte, beispielsweise bei älteren Menschen oder Körperbehinderten, dann ist dieser Ansatz empfehlenswert, da hier die Erfahrung besonders intensiv über den Körper geht.

Meditationsorientierter Tanz

Bei diesem Ansatz geht es um die Erfahrung des Göttlichen, des geistigen Zentrums der Gruppe. Dieses Zentrum kann Jesus Christus sein, aber auch die Sehnsucht nach Glauben und Gottesnähe. Jeder Tänzer kann bei seiner eigenen Lebens-, Glaubens- und Gotteserfahrung beginnen, sich von da aus selbst »ent-wickeln« und so das Göttliche immer mehr in seiner Herzensmitte erleben.

Eine meditationsorientierte Tanzfolge kann sich beispielsweise, ausgehend von Lebensthemen wie Erinnern und Dank (Seiten 160 und 230), über die Begegnung mit der Natur (Tänze Seiten 194 und 253) wachsend, immer mehr in Richtung Gottesbegegnung entfalten (Tänze Seiten 80, 99 und 104). Auch die Liturgie und das Kirchenlied können in den Mittelpunkt gestellt werden (Tänze Seiten 91 und 110).

Als Abendabschluß einer solchen Tanzfolge eignet sich besonders das russische Vater Unser (Tanz Seite 81), bei dem nur noch eine große Kerze in der Kreismitte Licht spendet.

Meditationsorientierte Tänze sollte man zunächst nicht zu lange und nicht zu häufig einüben, um die Gruppe nicht zu überfordern. Man wird allerdings feststellen, daß eine Gruppe sich immer mehr für diese Tänze interessiert, je weiter sie entwickelt ist. Einzelne Tänze werden dann 30 bis 45 Minuten lang getanzt. Es geht jetzt nicht mehr um die Menge der Tänze und um die psychische Abwechslung, sondern um die Konzentration auf das Wesentliche. Einer der Tänze, die diese Konzentration besonders gut ermöglichen, ist das genannte russische Vater Unser, das eine sehr tiefe Erfahrungsebene erschließen hilft. Kirchen- und Glaubensgeschädigte kommen hierbei oft an ihre Verwundungen, die wiederum durch die Tänze geheilt werden können.

Die geistlichen Tänze eignen sich auch, um Meditation und Gebet während des Tanzens zu vertiefen. In diesem Fall gibt der Leiter nur kurze Hinweise zu den Tanzschritten und verzichtet ansonsten auf verbale Äußerungen.

Themenorientierter Tanz

Hier wird ein bestimmtes Thema oder eine bestimmte Zeit im Jahr in den Mittelpunkt gestellt, beispielsweise ein Fest (Geburtstag), eine Jahreszeit (Winter), ein Lebensthema (Tod), ein Kirchenfest (Passion), ein Weltgebet (Heilung für die Erde).

Diese Beispiele werden nun in ihrem didaktischen Aufbau
einzeln vorgestellt:

Getanztes Fest: Geburtstag

Glück-Wünsche

1
Daß du dir glückst
2
Daß dir das Glück anderer glücke
3
Daß durch dich
ein oder zwei Menschen
besser sich glücken
4
Daß das Glück dich nicht blende
für das Unglück anderer
5
Daß du dir glückst
auch im Unglück
6
Daß eine Welt werde,
wo zusammen mit dir
viele sich glücken können.

(Kurt Marti; Eschbacher Textkarte Nr. 8; Winterlandschaft;
Verlag am Eschbach, Eschbach/Markgräflerland)

Der Leiter beglückwünscht das Geburtstagskind und drückt
seine Freude darüber aus, daß die Gruppe diesen Geburtstag
mitfeiern darf. Der Tanz *Glück* (Seite 232) wird mehrere Male
getanzt, wobei zu Beginn eine Zeile des obenstehenden Gedichtes vorgetragen wird. Immer wenn der Tanz wieder neu
beginnt, kann ein weiterer Glückwunsch aus dem Gedicht in
die Gruppe gegeben werden. Insgesamt wird dreißig Minuten
lang getanzt.

In der Pause erhält das Geburtstagskind die Karte mit dem
Text des Gedichtes. Ein Gespräch über »Glück haben« und

»glücklich sein« könnte folgen. Je nach Verlauf des Gruppengesprächs könnten sich nach der Pause die Tänze *Erinnern* (Seite 160) oder *Dank* (Seite 230) anschließen oder auch ein liturgischer Tanz (Kyrie, Vater Unser, Halleluja-Kanon). Zum Abschluß wird eine Kerze in die Kreismitte gestellt, die das Geburtstagskind anschließend als Geschenk bekommt.

Getanzte Jahreszeit: Winter

Jede Jahreszeit hat drei Phasen: ihren Beginn, ihren Höhepunkt und ihren Ausklang. Zum Thema Winter passen die drei Tänze *Tanz der Schneeflocken* (Seite 185), *Eistanz* (Seite 186) und *Schneeschmelze* (Seite 187).

Zu Beginn des Tanzes kann die Gruppe nach Assoziationen zum Thema Winter gefragt werden. Dies können Begriffe wie »kalt, naß, warme Kleidung, warme Stube, Kachelofen, Glühwein, Schlittschuhe, Bratapfel« sein. Als Einstieg kann dann der *Tanz der Schneeflocken* getanzt werden. Hierbei sollen sich die Teilnehmer wie Schneeflocken fühlen und flockig leicht tanzen. Der *Eistanz* hingegen gibt Gelegenheit, die Weite der Tanzfläche zu erfahren. Hier wird das Schlittschuhlaufen tänzerisch nachvollzogen. Die Phantasie der Gruppe wird angeregt: »Jetzt befinden wir uns alle auf einer Eisfläche, im Freien, auf einem See oder in einer Sporthalle, jeder wie er mag. Wir haben Schlittschuhe an und gleiten gemeinsam über das Eis.« Dieser Tanz betont einerseits die Zugehörigkeit zur Gruppe, andererseits aber auch die Einsamkeit und die Loslösung aus dem Kreis durch das Tanzen allein. Im einen Fall wird die Energie in die Gruppe gegeben, im anderen wird sie in die Weite des Raumes geschickt.

Da die Musik, das winterliche Largo aus Vivaldis »Vier Jahreszeiten«, in zahlreichen Wiedergaben erhältlich ist, kann man beispielsweise eine Kassette mit drei bis fünf verschiedenen Wiedergaben aufnehmen. Das regt die Phantasie der Tänzer an. Der letzte Wintertanz, *Schneeschmelze*, vertieft die Konzentration der Gruppe auf ihr Inneres. Alle bilden in ihrer Phantasie zusammen einen Schneemann, dick, schön und reich verziert. Sonne und Wärme kommen und beginnen, den Schneemann langsam aufzuschmelzen. Die folkloristische Maultrommelmusik unterstützt das Gefühl von Identifikation mit Schneemann und Schmelzen. Die Drehungen, die dieser Tanz fordert, sollten von den Tänzern sauber ausgeführt werden, damit das Gruppenbild vom Prozeß des Schmelzens verdeutlicht wird. In der Pause können Gespräche über Wintererfahrungen stattfinden. Als Abschluß wären der *Dank* (Tanz Seite 230) für diesen Winter oder auch ein liturgischer Tanz denkbar.

Getanztes Lebensthema: Tod

Der November ist eine geeignete Zeit, um das Thema Tod in den Meditationstanz einzubeziehen. Dabei geht es einerseits um den eigenen Tod, andererseits aber auch um den Tod liebgewordener Menschen oder eines Teils der Natur. Sanft zum Thema hinführen könnten die Tänze *Erinnern* (Seite 160), *Abschied* (Seite 236) oder *Dank* (Seite 230). Jeder der Teilnehmer stellt sich einen vertrauten Menschen in der Kreismitte vor.

Im *Marsch des Todes* (Seite 162) kommt seine Unerbittlichkeit zum Ausdruck. Die Musik der Baseler Fastnacht, die ursprünglich mit dem Totentanz-Brauchtum in Verbindung stand, betont das Kommen und Gehen des Todes. Die Haltung der Stäbe und der Klang, den sie beim Aufstoßen verursachen, unterstreichen ebenso wie die Form des Reihentanzes die Unausweichlichkeit dieses Themas. Auch daß man es hier mit begrenzter Zeit in begrenztem Raum zu tun hat, wird sehr deutlich. Meist hinterläßt dieser Tanz einen sehr nachhaltigen Eindruck bei den Tänzern.

Der *Tortanz* (Seite 166) hingegen betont den Übergang von einer Welt in die andere. Er löst die Spannung des vorangegangenen Tanzes auf. Nach einer Pause, in der sich das Gespräch frei entwickeln sollte, könnte der *Reigen seliger Geister* (Seite 168) folgen. Dieser Tanz hinterläßt ein Gefühl der Befreiung, Erleichterung und Erlösung.

In der Passionszeit – von Aschermittwoch bis Karfreitag – kann sich der Meditationstanz thematisch auf die Passion beziehen. In seinen Chorälen der Johannes- und Matthäuspassion hat Bach die Passion Jesu Christi so allgemeingültig erfaßt, daß ein Prozessionsschritt zu Bachchorälen sehr schnell in eine Identifikation mit der Passionszeit führt.

Tschernobyl und seine Folgen können Anlaß sein, die Passion der Erde und ihrer Bewohner in einer Fürbitte zu bedenken. Dazu eignet sich das *Kyrie* von Palestrina (Seite 92), das in seiner strengen Kreisform meditativ und gruppenverbindend wirkt. Als Vater zweier Kleinkinder, die er innerhalb eines Jahres durch tödliche Krankheiten verlor, hat Dvorak das Thema der Schmerzensmutter, *Stabat Mater* (Seite 136), tief erfaßt. Dieser Tanz im Kreuz verweist auf das Alleinsein im Leid und auf das Kreuz als die unfertige Erlösung. Er ist der Weg der Prüfung.

Der zeitgenössische Musiker Daniel Kobialka hat Bach in Sphärenmusik transformiert. In seinen Melodien »Wachet auf, ruft uns die Stimme« und »Schafe können sicher weiden« (Tanz Seite 142) kommen Schmerz, Trost und Erlösung zum Ausdruck. Diese Themen kehren in Kobialkas Musik immer wieder und machen das Kreuzesereignis auf besondere Weise erfahrbar.

Das *Miserere* von Allegri (Seite 138) erfaßt das Zwiegespräch des klagenden und bittenden Beters vor Gott. Dieser Tanz soll als Kerzentanzritual geschritten werden. In jeder Schrittsequenz löscht ein Tänzer freiwillig und unabgesprochen sein Kerzenlicht und legt seine Kerze in die Kreismitte, wo eine große Kerze brennt. Allmählich werden die Gesichter der Tänzer und der Raum selbst immer mehr in Dunkel gehüllt, wodurch das Licht der Kerze in der Kreismitte um so konzentrierter leuchtet. Die Begegnung mit der Dunkelheit und dem Licht Gottes drückt sich in diesem Tanz sehr deutlich aus.

Heiltanz für die Erde

Seit Dezember 1986 werden in vielen Kreisen der Welt, unabhängig von Konfession und politischer Zugehörigkeit, Fürbitten für die Erde gehalten, und zwar am letzten Tag jeden Monats, immer zur selben Uhrzeit, zwischen 16.00 und 17.00 Uhr mitteleuropäischer Zeit. Zu diesen Fürbitten für Erde, Pflanzen, Tiere und Menschen vereinen sich Millionen Beter. Der Meditationstanz bietet eine Möglichkeit, das Gebet in Bewegung umzusetzen. Die Tänze *Earth Grin* (Seite 194), *Spuren* (Seite 197) und *Baumtanz* (Seite 198) bieten sich dazu ebenso an wie geistliche Tänze (Vaterunser, Kyrie, Taizé-Gesänge).

Wichtig ist es, die Tänzer vor der festgelegten Stunde auf dieses weltweite Gebet einzustimmen. Es geht darum, daß das gemeinsame, gleichzeitig ausgeschickte Gebet die Seelenkraft der Beter reinigt und daß durch die daraus hervorgehenden guten Gedanken der überstrapazierten Erde Heilung geschickt wird.

Die Tanzschritte sollten vor Beginn des Gebetes so gut bekannt sein, daß der Leiter während der Gebetszeit keine Anleitungen mehr geben muß und die Tänzer sich ausschließlich meditativ auf das getanzte Gebet konzentrieren können.

Ritualtanz

Dieser Tanz bezieht sich auf ein bestimmtes Thema oder eine besondere Situation und wird mit gleichbleibender Schrittfolge oder einfachen Schritten getanzt. In der Regel schreiten die Tänzer unangefaßt.

Themen für den Ritualtanz können sein: Begrüßung, Versöhnung, Abschied, Begegnung mit einer Jahreszeit (etwa Erntedank), Selbsterfahrung in einem Kirchenfest (Ostern, Advent).

Eine Grundform für den Ritualtanz ist die Spirale. Sie kann mit einem Seil, mit Kreppapier oder mit Blumen, Blumenfotos, Herbstlaub, Früchten, Zweigen so im Raum gestaltet werden, daß die Tänzer in die Spirale hinein- und wieder aus ihr herausgehen können. Der Weg in die Spirale ist meist mit einer bestimmten Intention verbunden. So kann beispielsweise ein Teelicht an einen selbstgewählten Platz gestellt, eine Kerze gelöscht, eine Frucht in die Mitte gelegt werden und so weiter. Damit ist meist eine ganz individuelle Erfahrung für jeden Tänzer verbunden.

Beispiele für Ritualtänze finden Sie auf den Seiten 253 bis 257.

Entwicklung von Meditationstänzen

Beispiel 1: Bach-Choral (Seite 130)

Gehen wir von einem konkreten Musikstück aus, zu dem wir tanzen möchten, so müssen wir uns zunächst mit dem Wesen dieser Musik vertraut machen. Wir müssen feststellen, wie lang die Sequenzen sind, ob es Wiederholungen gibt, wie Melodie und Rhythmus vereint und Höhen und Tiefen erfaßt sind und was uns an dieser Musik anspricht.

Am Beispiel des Chorals *In meines Herzens Grunde* (Choral Nr. 52 aus der Johannespassion) von Bach wollen wir unser methodisches Vorgehen beim Entwickeln eines Tanzes überprüfen.

Der Text
In meines Herzens Grunde,
Dein Nam' und Kreuz allein
Funkelt all Zeit und Stunde,
Drauf kann ich fröhlich sein.
Erschein mir in dem Bilde
Zu Trost in meiner Not
Wie du, Herr Christ, so milde
Dich hast geblut't zu Tod.

Schlüsselbegriffe im Text
Herzens Grunde: Ich
Dein Kreuz: Kreuz
Funkelt...fröhlich: Freude
Erschein mir in dem Bilde: Mitte

64

Die Hauptbegriffe, die in diesem Tanz ausgedrückt werden sollen, sind demnach: das Herz des Tänzers, das Kreuz, die Freude am Glauben und Christus als die Mitte.

Die Schritte

Der Text hat acht Zeilen, und auf jede Zeile kommen acht Schritte. Wir wählen demnach acht Schritte für jeweils eine Sequenz. Da wir die Begriffe »Ich« und »Mitte« ausdrücken wollen, bietet sich der Tanz auf der äußeren Kreislinie und auf die Kreismitte hin an.

Welche Möglichkeiten gibt es, um mit acht Schritten in die Kreismitte zu kommen?

Zum Beispiel
vorwärts gehen, zurück schwingen, ansetzen:

Rechts vor, links vor, rechts vor, links an,
rechts vor, links vor, rechts vor, links an.
Oder:
Rechts vor, links vor, rechts zurück, links vor,
rechts vor, links vor, rechts zurück, links vor.
Oder:
Rechts vor, links an,
rechts vor, links an,
rechts vor, links an,
rechts vor, links an.
Oder:
Rechts vor, links vor, rechts vor, links vor,
rechts schräg nach rechts vor, links am Platz,
rechts schräg nach links vor, links am Platz.

Mit den gleichen Schritten, mit denen wir in den Kreis gegangen sind, gehen wir auch wieder heraus, damit der Tanz nicht unruhig, sondern klar strukturiert und dadurch meditativ wird.

Die acht Zeilen des Choraltextes tanzen wir wie folgt:

Erste Zeile in den Kreis,
zweite Zeile aus dem Kreis,

dritte Zeile in den Kreis,
vierte Zeile aus dem Kreis.

Die fünfte Zeile (»Erschein mir in dem Bilde«) könnte mit
acht Schritten gegensonnen auf der Kreislinie geschritten werden. Da immer zwei der acht Zeilen zusammengehören,
müßte die sechste Zeile entweder weiter gegensonnen geschritten werden oder mitsonnen zum Ausgangsplatz zurück-
führen.
Die siebente und die achte Zeile sind Wiederholungen der
fünften und sechsten.

Die Tanzform

Statt des Kreistanzes kann man auch die strengere Form des
Reihentanzes wählen. Dazu bieten sich alle vier für den Kreistanz vorgeschlagenen Schrittfolgen an. Man geht vom Kreis
zur Reihe über, indem man ihn, von der äußeren Kreislinie
ausgehend, allmählich auflöst und so die Reihe bildet.
Beim Reihentanz sollten folgende Punkte beachtet werden:
Der Leiter führt die Reihe an. Er geht mit kleinen Schritten
saubere Linien bis zu den Wendepunkten, wo er eine neue
Richtung einschlägt. Alle Tänzer müssen dem Leiter genau
folgen und besonders darauf achten, daß sie mit ihren Schritten die Eckpunkte deutlich markieren und keine Ecken
schneiden, sonst entsteht ein verwaschenes Gebilde, dessen
Form und Struktur nicht mehr erkenntlich ist.

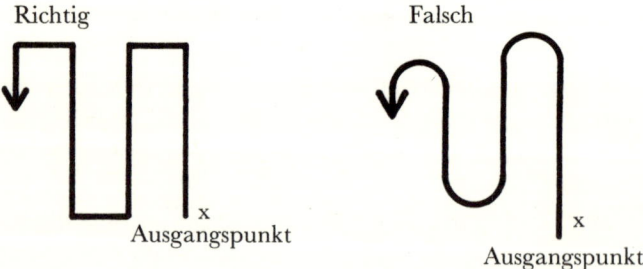

Richtig   Falsch

x   x
Ausgangspunkt   Ausgangspunkt

Der Leiter kann auch spiralförmig in den Kreis gehen und, sich in der Kreismitte um seine eigene Achse drehend, die Reihe wieder aus dem Kreis herausführen.

Ausgangspunkt

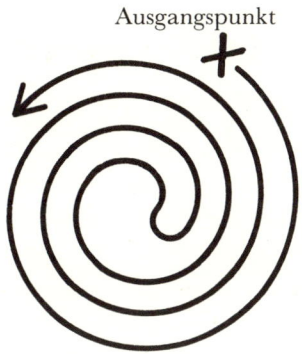

Gegen Ende des Tanzes kehrt man wieder zur Kreisform zurück und ermöglicht der Gruppe das Gefühl der Verbundenheit in der geschlossenen Form.

Die Handfassung

In der offenen Tanzform, beim Reihentanz also, legt der erste Tänzer in der Reihe seine freie rechte Hand an seine linke Schulter, um den Kontakt zu seinem Herzen anzudeuten. Der letzte in der Reihe legt seinen freien linken Arm hinter seinen Rücken in die Hüftgegend. Damit ist der Energiekreis der Gruppe wieder geschlossen.

Dauer des Tanzes

Da dieser Tanz nur etwa ein bis zwei Minuten dauert, ist es sinnvoll, den Choral drei- oder neunmal hintereinander zu tanzen. Drei und Neun sind sogenannte heilige Zahlen (siehe auch Seiten 43 und 44).

Beispiel 2: Kirschblütenzeit – ein Bändertanz (Seite 172)

Das Material, das wir bei diesem Tanz einsetzen wollen, gibt die entscheidende Anregung für das Thema des Tanzes. Bänder assoziieren wir mit Frühling. »Frühling läßt sein blaues Band wieder flattern durch die Lüfte...«, heißt es in einem Gedicht von Mörike.

Die japanisch inspirierte Flötenmusik von James Galway ist zart, beschwingt und paßt hervorragend zu dem gewählten Thema.

Die Bänder

Wir benutzen Seidenbänder in verschiedenen Farben. Sie sollen drei Zentimeter breit und zwei bis drei Meter lang sein (je nach Größe der Tänzer).

Das Schwingen der Bänder ist ungewohnt, körperlich anstrengend und erfordert Konzentration, da die Schwingung der Arme und der Bänder verschieden sind. Darüber hinaus müssen die Bewegungen aller Tänzer zusammenspielen, damit eine einheitliche Tanzform entsteht. Die Schritte müssen daher sehr einfach sein. Es bietet sich an, nur zur Kreismitte und wieder zurückzugehen, damit das Schwingen der Bänder deutlich wird.

Die Bewegung

Man beginnt auf der äußeren Kreislinie. Die linke Schulter ist zur Kreismitte gerichtet. So kann man die rechte Hand und den rechten Arm frei bewegen und hat viel Platz zum Schwingen. Es ist nicht ratsam, sich durch Anfassen abzulenken und räumlich zu behindern, damit man das Band ungehindert schwingen lassen kann. Bei diesem Tanz liegt die Gemeinsamkeit sowohl im Umgang mit dem Material, das eine starke Wirkung auf alle Teilnehmer ausübt, als auch im gleichen Schritt und in der Tanzform: der Konzentration auf die äußere Kreislinie und dem sternförmigen Zugehen auf die Mitte.

Da die Melodie zwei Teile hat, gehen wir im ersten Teil auf die Kreismitte zu und von dort wieder weg. Im zweiten Teil gehen wir auf der äußeren Kreislinie. Eine Schrittsequenz besteht jeweils aus acht Schritten (vier Schritte in die Kreismitte, vier aus der Kreismitte heraus, acht Schritte auf der äußeren Kreislinie und so weiter). Eine Sequenz zu Beginn des Tanzes, während der die Tänzer stehen, dient zum Einhören in die Musik.

Ablauf des Tanzes

Unangefaßt, mit einem Band in der Hand stehen die Tänzer auf der äußeren Kreislinie. Die Gesichter sind auf die Kreismitte gerichtet.
Acht Schritte Vorspiel stehend.
Erster Teil: Mit je vier Schritten bewegen sich die Tänzer in die Kreismitte und aus der Kreismitte zurück (zweimal).
Zweiter Teil: Mit der linken Schulter zur Kreismitte gehen die Tänzer acht Schritte auf der äußeren Kreislinie, wobei sie mit der rechten Hand das Band schwingen (dreimal).
Wiederholung des ersten Teils wie oben.
Wiederholung des zweiten Teils wie oben.
Wiederholung des ersten Teils wie oben.
Wiederholung des zweiten Teils wie oben.
Wiederholung des ersten Teils wie oben. Wenn die Tänzer sich jedoch zum letzten Mal in der Kreismitte befinden, verneigen sie sich und spielen mit ihren Bändern. Dann gehen sie wie üblich mit vier Schritten aus der Kreismitte.
Zum Schluß drehen sich die Tänzer mit acht Schritten mitsonnen auf der Stelle um sich selbst und schwingen dabei das Band.

Beispiel 3: Dialog mit dem Kosmos – Moderne Sphärenmusik (Seite 233)

In Sphärenmusik muß man sich prinzipiell zunächst einhören, wenn man einen persönlichen Bezug dazu herstellen will. Erst wenn diese subjektive Beziehung zur Musik besteht, entstehen Bilder, nach denen der Tanz gestaltet werden kann.
Zu der gewählten Musik »Titles« von Vangelis kann man gut schreiten, da sie ihren Rhythmus beibehält. Die Melodie

erinnert an das Thema »Ich und die Schöpfung«. Während des Schreitens tauchen Gefühle von Freiheit, Weite und Verbundensein auf.

Die Entwicklung der Tanzform

Wenn man sich zunächst alle Schritte der Musik in Form von Strichen notiert, stellt man fest, daß immer sechzehn Schritte einen Melodierahmen bilden. Es bietet sich daher an, Einheiten aus jeweils vier mal vier Schritten zu wählen.

Da die Weite des Kosmos und die Verbundenheit mit allem Lebendigen, mit allen Pflanzen, Tieren und Menschen ausgedrückt werden soll, verbinden wir uns mit unseren Mittänzern, indem wir im Kreis gehen und uns an den Händen halten. Die Weite des Kosmos kann dadurch ausgedrückt werden, daß die Tänzer die Arme heben und runde Formen gehen. In der Tanzform sollen das innere und das äußere Zentrum verdeutlicht werden, also betont man die Kreismitte und die äußere Kreislinie.

Während wir zur Musik schreiten, entstehen folgende Formen:

Die Tänzer gehen mit vier Schritten zur Mitte.

Dann gehen sie vier Schritte mitsonnen, wobei sie die rechten Arme waagerecht zur Mitte strecken. So bilden alle Tänzer mit ihren Armen einen Stern.

Dann drehen sich die Tänzer mit vier Schritten gegensonnen um sich selbst und gehen wieder mit vier Schritten gegensonnen auf der inneren Kreislinie zurück.

Das ist eine Einheit von sechzehn Schritten. Der bisher gegangene Weg sieht so aus:

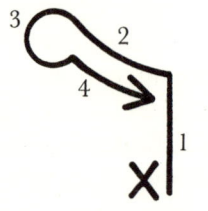

Ausgangspunkt

Nun gehen die Tänzer den gleichen Weg spiegelbildlich noch
einmal:
Vier Schritte gegensonnen auf der inneren Kreislinie, wobei
die linken Arme waagerecht zur Mitte gehalten werden;
mit vier Schritten mitsonnen um sich selbst, unangefaßt;
mit vier Schritten mitsonnen angefaßt auf der inneren Kreislinie zurück;
vier Schritte aus dem Kreis heraus.
  Das ist die zweite Einheit von sechzehn Schritten:

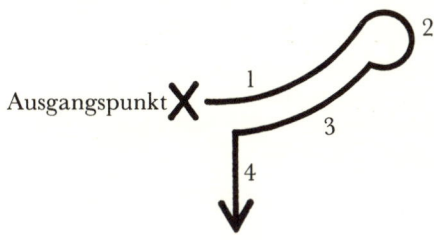

Der gesamte Weg, der die Verbundenheit aller Tänzer ausdrücken soll, sieht nun so aus:

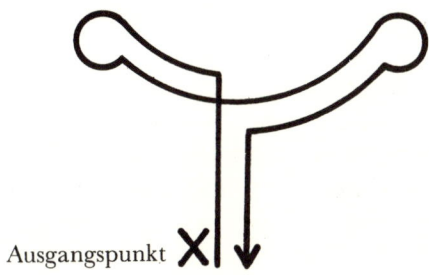

Das Gefühl der Weite im Kosmos kann auf der äußeren Kreislinie dargestellt werden. Der tänzerische Ausdruck auf der
äußeren Kreislinie soll dem bisherigen Tanz auf der inneren
Kreislinie entsprechen.
  Die Tänzer gehen wieder angefaßt vier Schritte mitsonnen
auf der Kreislinie,

beschreiben mit vier Schritten gegensonnen einen Kreis um sich selbst,
gehen mit vier Schritten gegensonnen zurück und
beschreiben nochmals mit vier Schritten mitsonnen einen Kreis um die eigene Achse.
Das sieht so aus:

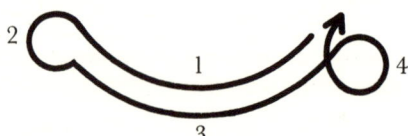

Damit haben wir die Entsprechung zum Tanz auf der inneren Kreislinie und tanzen nun die begonnene Form spiegelbildlich auf der äußeren Kreislinie:
vier Schritte gegensonnen angefaßt,
vier Schritte mitsonnen um sich selbst,
vier Schritte mitsonnen auf der Kreislinie angefaßt,
vier Schritte gegensonnen um sich selbst.

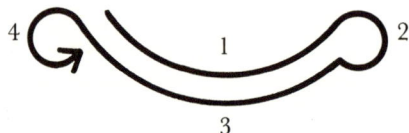

Nun sind wir wieder am Ausgangspunkt des Tanzes, und die ganze Tanzform kann wiederholt werden. Die Grafik der Tanzform erinnert an eine Lotosblüte oder an das Unendlichkeitszeichen.

Wann setzt der Tanz ein?

Zu Beginn der Musik hört man leise Trommelklänge, die bald in Fanfaren übergehen. Wir beginnen den Tanz mit der zweiten Fanfare.

Dieser Tanz ist wegen seines komplizierten Aufbaus vorrangig für Fortgeschrittene geeignet.

Die Weitergabe von Meditationstänzen in der Gruppe

Die Funktion des Leiters

Grundlegend wichtig für die Vermittlung von Meditationstänzen in einer Gruppe ist die innere Einstellung ihres Leiters. Er muß den Tanz, den er der Gruppe lehren möchte, meditativ erfaßt haben, das heißt, Inhalt und Aussage des Tanzes müssen durch ihn »hindurchgegangen« sein. Selbstverständlich ist, daß er die Technik des Tanzes beherrscht, aber auch seine körperliche Ausstrahlung ist sehr wichtig. Sie nämlich löst körperliche Reaktionen der Teilnehmer aus, die ja zunächst nur den Leiter nachahmen. Erst allmählich finden sie ihre eigene Ausdrucksform und machen sich vom Leiter – und auch von ihren Mittänzern – innerlich unabhängig.

Die Kleidung des Leiters sollte seine Körperhaltung erkennen lassen und so die tänzerische Nachahmung ermöglichen.

Der Leiter tanzt so oft langsam vor und wiederholt seine Anweisungen so lange, bis alle Teilnehmer in der Lage sind, selbst angstfrei und ohne Leistungsdruck zu tanzen. Er ermöglicht den Teilnehmern eine immer neue Körpererfahrung, indem er sie auf den Bezug zum Boden, die Balance, auf die Erfahrung mit der eigenen Schwerkraft, auf Korrekturen von Hand- und Körperhaltungen oder Schritten hinweist. Schwächere Gruppenmitglieder fördert er, indem er ihnen technisches Können vermittelt und physisches Mithalten beispielsweise dadurch ermöglicht, daß er anstrengende Tänze langsamer tanzen läßt.

Der Leiter ist auch der Wächter der Gruppe. Er beobachtet den Gruppenprozeß, bemerkt Cliquenbildungen, stellt fest, wie Neulinge von der Gruppe aufgenommen werden und wer Außenseiter ist. Die Art und Weise, wie die Gruppe den Kreis und die Tanzform gestaltet, sagt ihm etwas über das technische Können der Teilnehmer, ihre sozialen Beziehungen, ihre Verantwortungsbereitschaft für das Gruppenganze und über ihre geistige Beziehung zum Tanz.

Indem der Leiter immer wieder an verschiedenen Stellen im Kreis tanzt, pflegt er Kontakte zu allen Teilnehmern und sorgt auch dafür, daß möglichst alle Teilnehmer bereit sind, mit allen anderen einmal zu tanzen. So erfahren besonders auch schwächere Teilnehmer oder solche, die viel größer oder viel kleiner sind als die anderen, daß sie von der Gruppe mitgetragen werden. Schließlich soll mit dem Meditationstanz möglichst wenig körperliche, intellektuelle und soziale Anstrengung verbunden sein, damit das meditative Erleben überhaupt möglich wird.

Während des Meditationstanzes hat der Leiter priesterliche Funktion. Er führt die Teilnehmer stufenweise immer mehr zu ihrem eigenen Zentrum und zum geistigen Zentrum, das die Gruppe gemeinsam im Tanz darstellt und erlebt.

Die Tanzform eines meditativen Tanzes ist nur scheinbar feststehend. Die Praxis zeigt, daß in jeden Tanz die Persönlichkeit des Leiters mit einfließt. Diese Subjektivität im Leitungsstil sollte grundsätzlich bejaht werden. Daraus ergeben sich auch Abwandlungen und Veränderungen in den Tänzen, was durchaus positiv ist. Standardisierungen der Tänze führen nämlich zu Fixierungen, was der Meditation widerspricht, soll sie doch gerade Intuition und Kreativität wecken.

Die Gruppe

Der Leiter muß in jedem Fall die Größe der Gruppe berücksichtigen. Eine sich regelmäßig zum Meditationstanz treffende Gruppe sollte erfahrungsgemäß mindestens zwölf Teilnehmer umfassen. Bei weniger als zwölf Teilnehmern wird der Meditationstanz von Anfängern als zu anstrengend erlebt, weil jeder einzelne Teilnehmer immer völlig aufmerksam mittanzen muß und sich die Tänzer nicht in ausreichendem Maße gegenseitig tragen können. Auch ist eine gute Kreisform bei weniger als zwölf Teilnehmern schwer zu halten.

Fortgeschrittene können allerdings schon in Gruppen ab vier Teilnehmern tanzen. In solch kleinen Gruppen wird man hauptsächlich unangefaßt tanzen und Kreuz- und Blütenformen als Ausgangspositionen wählen.

Bei Großgruppen mit sechzig bis einhundertfünfzig Teilnehmern sollte man folgende Punkte beachten:

- Aufmerksamkeit und Disziplin der Gruppe: klare, direktive Anweisungen geben, damit kein Chaos entsteht;
- Lernfähigkeit der Teilnehmer: einfache Techniken wählen; eventuell tanzt eine Basisgruppe vor, die in der Mitte steht oder sich später unter die fremden Tänzer mischt; der Leiter steht eventuell erhöht, damit er alles überblicken und von allen gesehen und gehört werden kann;
- Bezug der Tänzer zur gesamten Tanzform: klare Tanzformen wählen; mehrere ineinanderliegende Kreise bilden; Tanzschritte vorwiegend auf der jeweiligen Kreislinie oder in deren Nähe wählen;
- Musik und Technik: Der Leiter braucht einen Techniker zur Entlastung, der für eine gute Übertragung, Lautstärke und Aussteuerung sorgt;
- Länge der Tänze: Derselbe Tanz sollte nicht zu lange getanzt werden. Für Abwechslung kann dadurch gesorgt werden, daß man einen bereits bekannten Tanz später noch einmal wiederholt.

Tanzbeschreibungen

Einführende Bemerkungen

Der Schwierigkeitsgrad der Tänze

Alle hier beschriebenen Tänze sind in der Praxis angewandt worden. Die Tanzschritte sind im allgemeinen so einfach, daß man sie bereits nach kurzer Einübungszeit tanzen kann. Damit ist das schnelle Erfassen der Tanzregel gewährleistet, und der Tänzer kann sich sehr bald schon in die immer wiederkehrenden Tanzsequenzen fallenlassen. Nur so kann die Meditation im Tanz erlebt werden. Nur wenige Tänze sind eher für Fortgeschrittene geeignet. Sie sind besonders gekennzeichnet.

Tanzsprache

Übliche Handfassung: Die innere Handfläche der rechten Hand zeigt nach oben, während die innere Handfläche der linken Hand nach unten zeigt.
Gegensonnen: gegen den Uhrzeigersinn
Mitsonnen: mit dem Uhrzeigersinn
Zurück: bedeutet dasselbe wie rückwärts. Soll der gegangene Weg auch wieder vorwärts zurückgegangen werden, so ist dies vermerkt (↑⁻↘↓).

Die Schritte

Die Tänze werden in den meisten Fällen mit dem rechten Fuß begonnen und bewegen sich dann gegensonnen. Die Schritte sind zwar sehr einfach, aber dennoch fällt es manchen Tänzern schwer, immer wieder die gleichen einfachen Schritte mit der gleichen Harmonie und Dynamik zu setzen. Je mehr sich die Tänzer auf die Schlichtheit der Tänze einlassen, desto größer wird ihr Körperbewußtsein.

Sollte einem Leiter oder einer Tanzgruppe eine Schrittfolge nicht zusagen, sind Abänderungen möglich.

Die Zusammenstellung eines Tanzrepertoires

Beim Zusammenstellen der Tänze für einen Meditationsabend soll der Leiter darauf achten, daß er Tänze mit unterschiedlichen Tanzformen auswählt, also beispielsweise einen Tanz, der in die Kreismitte führt, einen Tanz, der den Raum zwischen der äußeren Kreislinie und der Kreismitte füllt, und einen Tanz, der auf der äußeren Kreislinie getanzt wird. Ist das Repertoire nach solchen Gesichtspunkten zusammengestellt, wird es den Tänzern nicht langweilig.

Die Musikauswahl

Fast jedes Musikstück zu den genannten Tänzen ist auf einer anderen Platte zu finden. Der Nachteil dessen ist offensichtlich. Der Vorteil besteht darin, daß auf diese Art und Weise eine Fülle unterschiedlichster Musikstile für den Meditationstanz zugänglich gemacht wird. Zudem befinden sich auf den meisten der angegebenen Platten weitere gute Musikstücke, die zur Entwicklung neuer Meditationstänze verwendet werden können.

Sollte die angegebene Musik nicht mehr käuflich sein, kann man ersatzweise Musik aus demselben Bereich wählen, beispielsweise alte Weihnachtslieder, Sphärenmusik, klassische Trompetenmusik, lateinamerikanische Messen und so weiter.

Bei der Verwendung von Musik von Schallplatten und beim Kopieren dieser Musik auf Musikkassetten muß der Leiter der Tanzgruppe die rechtlichen Bedingungen berücksichtigen. Die GEMA und andere Gesellschaften zum Schutz der Rechte von Musikern und Komponisten geben hier Auskunft.

Tänze mit Material

Bändertänze (Seiten 172 und 182)

Geeignet sind Seidenbänder von etwa drei Zentimetern Breite und einer Länge zwischen anderthalb und drei Metern, je nach Körpergröße der Tänzer. Beim *Kirschblütentanz* (Seite 172) werden die Bänder geschwungen, wobei man darauf achten soll, daß man die Bänder nur ganz sanft schwingt, damit die Bewegung nicht zu anstrengend wird und vom Meditationstanz ablenkt.

Beim *Drachenflug* (Seite 182) wird je ein Band am rechten und linken Arm des Tänzers angebunden. Die Bänder bewegen sich beim Tanzen von selbst.

Kerzentänze (Auswahl auf den Seiten 209, 223, 240, 250 usw.)

Als Material für Kerzentänze eignen sich Haushaltskerzen, die man in ein etwa 25 Zentimeter großes Quadrat aus Aluminiumfolie stellt. Die in der Folie stehende Kerze hält man dann in der Hand. Auf jeden Fall ist darauf zu achten, daß der Folienrand so breit ist, daß das Kerzenwachs nicht auf die Hand tropft. Bei der jeweiligen Tanzbeschreibung ist angegeben, wie die Kerze gehalten werden soll. Teilnehmer, die die Kerze nicht lange in einer Hand halten wollen, können sie während des Tanzes in die andere Hand wandern lassen. Dies geht allerdings nur bei Tänzen, in denen der Tanznachbar nicht mit der anderen Hand berührt werden soll.

Als Tanzform für Kerzentänze eignet sich der Kreis oder die Reihe. Man kann in Reihen sternförmig aufeinander zu- und voneinander weggehen oder auch im Prozessionsschritt oder in Reihen den Raum durchschreiten. Auch der Rückentanz ist mit Kerzen möglich:

Man kann auch zu einer bestimmten Zeit seine Kerze an einen anderen Tänzer weiterreichen.

Als Tanzschritte sind einfache, gleichbleibende Schritte zu wählen, damit sich die Tänzer nicht zu sehr auf die Kerzen konzentrieren müssen, sondern deren Wirkung nachspüren können.

Es ist wichtig, den Abschluß des Kerzentanzes zu planen: Wer löscht die Kerzen? Wann werden die Kerzen gelöscht? Wohin werden die ausgelöschten Kerzen gelegt? Dabei ist zu beachten, daß das Wachs der ausgelöschten Kerzen noch bis zu einer Minute lang flüssig bleibt. Wie gehen die Tänzer nach dem Kerzentanz auseinander? In jedem Fall sollte sich der Leiter überlegen, wie er die in einem Kerzentanz erlebte meditative Stimmung nach dem Tanz erhalten kann.

Stabtänze (Seiten 162 und 164)

Als Material eignen sich Bambusstäbe, die etwa zwei Zentimeter dick und einen Meter hoch sind. Stäbe sind nicht leicht zu handhaben. Man muß darauf achten, daß sie nicht vom Wesentlichen des Tanzes ablenken. Man kann die Stäbe auf verschiedene Weise einsetzen:
- den Stab in einer Hand halten, um sich davon führen zu lassen;
- den Stab in einer Hand halten, um damit auf den Boden zu stampfen;
- die Stäbe in die Höhe halten, um damit ein Tor zu bilden.

Tuchtänze (Seiten 98, 136, 206, 251, 252)

Als Tücher eignen sich Halstücher, die die Tänzer bei sich haben oder mitbringen. Besonders günstig sind vielfarbige Tücher aus leichtem, luftigem Material (beispielsweise Chiffon). Es ist auch möglich, zwei Tücher auf einmal zu halten, um eine bestimmte Farbkombination zu bekommen. Tücher kann man schwingen oder vor sich halten, indem man sie an zwei Ecken anfaßt. Man kann sich damit aber auch mit anderen Tänzern verbinden, indem jeweils ein Tänzer das Tuch an einem Zipfel anfaßt, der andere am gegenüberliegenden. Die Tänzer können sich die Tücher auch um jeweils ein Handgelenk binden.

Geistliche Tänze

Vaterunser (Kirchentag)

Quelle: *Neue geistliche Lieder*, Schwann ams-Studio 300, 1969,
etwa drei Minuten

Position: Gesicht zur Kreismitte, übliche Handfassung, auf
der inneren Kreislinie stehend beginnen

Schritte: Bei »Vater unser«: Vier Schritte aus dem Kreis
rechts, links, rechts, links;
bei »geheiligt werde Dein Name«: Vier Schritte in den
Kreis: rechts, links, rechts, links;
beim musikalischen Zwischenspiel: rechts seit, links an
und so weiter

Tanzform:

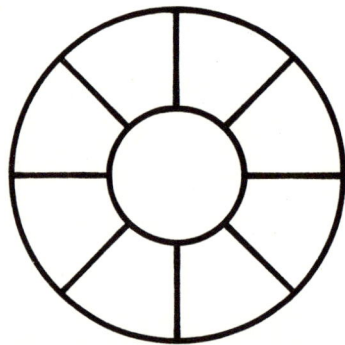

Didaktisches: Bei diesem Gebet, das Jesus lehrte (Matthäus
6), ist die Form so einfach, daß sofort mitgetanzt, also
betend getanzt werden kann.

Bedeutung: Durch die Einfachheit der Schritte werden in besonderer Weise die Kreismitte, die innere Kreislinie und
die äußere Kreislinie betont. Die Tänzer machen eine
besonders starke Erfahrung der Gemeinschaft.

Vaterunser (russisch-byzantinisch)

Quelle: *La Divine Liturgie de Saint-Jean Chrysostome.* (Das Vaterunser aus der Liturgie des heiligen Johannes Chrysosto-
mos, nach byzantinisch-slawischem Ritus, in russischer
Sprache gesungen), Harmonia Mundi France H. M. 641,
Seite B, vorletztes Stück

Position: Die Tänzer stehen eng nebeneinander. Jeder Tänzer
legt seine rechte Hand des ausgestreckten Armes in die
linke Hand des ausgestreckten Armes seines rechten
Nachbarn. Den linken Arm und die linke Hand streckt
er nach unten aus und läßt den linken Nachbarn seine
rechte Hand hineinlegen. Dann werden die Arme so angewinkelt, daß die Hände in Hüfthöhe sind. Dabei muß
darauf geachtet werden, daß die Arme nicht an den Körper herangezogen, sondern zwischen den Tänzern gehalten werden.
Nun gehen die Tänzer mit dem rechten Fuß seitlich
einen größeren Schritt nach rechts und holen den linken
Fuß mit einem kleineren Schritt nach (rechts seit, links
an). So entsteht als Gesamtbewegung der Gruppe ein
Wiegen, das sanft gegensonnen tendiert.
Bei dem Priesterruf (deutsch: »Denn Dein ist das
Reich . . .«) bleiben die Tänzer stehen, erheben langsam
die Arme und strecken sie nach oben. Beim »Amen« des
Chores lassen die Tänzer ihre Arme langsam wieder sin-
ken.

Tanzform:

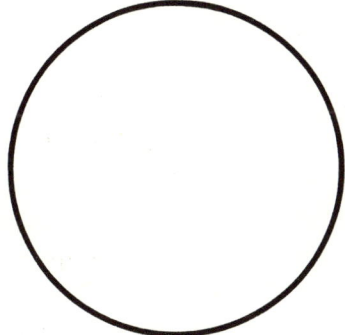

Didaktisches: Nur die Handfassung muß geübt werden. Die Schritte können durch Nachahmung sofort mitgetanzt werden. Die Tänzer schwingen sich auf den Wiegerhythmus ein.

Anmerkung: Im russisch-orthodoxen Gottesdienst werden keine Instrumente verwendet, sondern nur die menschliche Stimme.

Vaterunser (Assisi)

Quelle: *Ein Mann aus Assisi, Lieder auf Franziskus.* Texte: Wolfgang Poeplau, Musik: Ludger Edelkötter, Impulse Verlag, Natorp 2, 4406 Drensteinfurt, o.J.

Position: auf der Kreislinie, Gesicht zur Mitte, übliche Handfassung

Schritte: rechts seit, links an; links seit, rechts an (viermal);
rechts vor, links an; links vor, rechts an;
rechts vor, links an; links vor, rechts an;
rechts zurück, links an; links zurück, rechts an;
rechts zurück, links an; links zurück, rechts an;
wieder zur Mitte: rechts vor, links an . . .
rechts seit, links an; links seit, rechts an (viermal);
rechts zurück, links an . . .
rechts vor, links an . . .
rechts zurück, links an . . .
rechts seit, links an; links seit, rechts an (viermal);
rechts vor, links an . . .
rechts zurück, links an . . .
rechts vor, links an . . .

Vorspiel: vier Schritte

Tanzform:

Didaktisches: Bei diesem Tanz ist es gut, wenn man eine große Kerze in die Kreismitte stellt und auf weitere Lichtquellen verzichtet. Der instrumentale Teil wird immer folgendermaßen getanzt: Anstellschritt seitlich, das heißt viermal nach rechts. Der Textteil immer: vier Anstellschritte vor und wieder zurück und wieder vor, also drei Rhythmen. Daher endet der Tanz in der Mitte.

Lobet den Namen des Herrn: Halleluja!

Quelle: *Das große Abend- und Morgenlob;* Rachmaninow, 1965
in russischer Sprache in Moskau aufgenommen; Ariola
87 448 XDK

Position: auf der Kreislinie, übliche Handfassung

Schritte: gegensonnen vier Schritte vorwärts, zweimal wippen, vorwärts-rückwärts, und dabei loslassen.

In Großgruppen bilden die Tänzer mehrere Kreise ineinander, wobei der innere Kreis gegensonnen geht, der
nächste mitsonnen und so weiter. Beim Wippen können
die Tänzer eventuell ihre seitlichen rechten und linken
Partner aus den benachbarten Kreisen lose berühren.

Vorspiel: sieben Schritte

Tempo: Das Tempo der Schritte richtet sich nach der tiefsten
Chorstimme und wird immer beibehalten.

Armhaltung: Wenn die Musik zu Ende ist, werden die Arme
emporgehoben.

Tanzform:

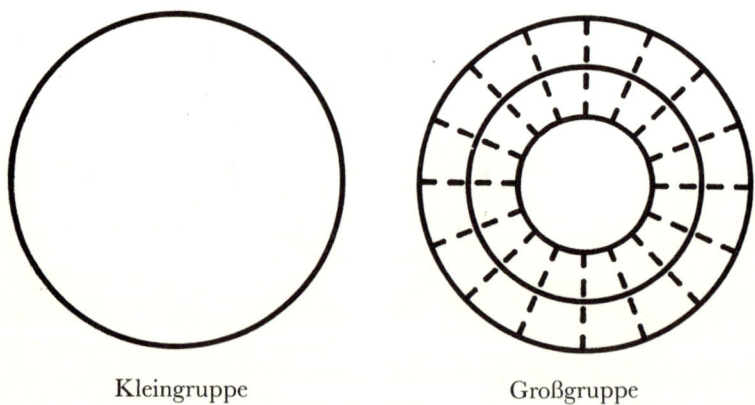

Kleingruppe   Großgruppe

Didaktisches: Auf gleichmäßiges Schreiten achten!

Seligpreisungen

Quelle: Motette I. Pars: Beati pauperes, II. Parte: Beati pacifici. *Seligpreisungen* (Matthäus 5,3–12), Orlando Di Lasso (um 1532–1594), Teldec 6.42632 AZ, 1981

Position: auf der Kreislinie, Gesicht zur Mitte, übliche Handfassung

Schritte: vier Schritte auf der Kreislinie gegensonnen: rechts, links, rechts, links; dann loslassen und mit vier Schritten in sanftem Bogen in Richtung Mitte gehen; auf dem vierten Schritt die Unterarme heben und kreuzen (rechten Unterarm vor dem linken Unterarm des rechten Nachbarn; linken Unterarm hinter dem rechten Unterarm des linken Nachbarn): rechts, links, rechts, links; dann mit vier Schritten im Halbbogen wieder zurück auf die Kreislinie: rechts, links, rechts, links; angefaßt.

Vorspiel: etwa zwölf Einheiten Chorgesang zum Einhören

 Tanzform:

Bedeutung: Das sanfte Gehen in den Kreis und das Kreuzen der Unterarme soll das Segnen und Seligpreisen andeuten. Das Einreihen in den Kreis und das Gehen auf der Kreislinie deuten an, daß wir des Segens bedürfen, den wir empfangen.

Tanz der Fürbitte

Quelle: Francoeur: Adagio Cantabile von der Sonate in E-Dur, arrangiert von Daniel Kobialka auf der Kassette *Afternoon of a Fawn*, Daniel Kobialka, DK 112, Li-Sem Enterprises, 1986

Position: auf der äußeren Kreislinie, übliche Handfassung

Schritte: vier Schritte gegensonnen, dann vier Schritte zur Kreismitte; rechts seit, links seit, rechts seit, links seit und vier Schritte aus der Mitte

Vorspiel: sechzehn Schritte

Tanzform:

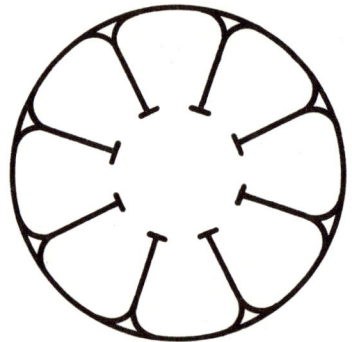

Didaktisches: Die vier Teile mit je vier Schritten einmal kurz schreiten.

Bedeutung: Die vier Schritte auf der äußeren Kreislinie und die vier Schritte zur Mitte stehen für den Weg, den wir in Gedanken für einen Menschen, für den wir die Fürbitte halten, zum Zentrum gehen. Im Zentrum bringen wir unsere Fürbitte dar. Dann gehen wir hinaus und lösen uns von diesen Bitten, den Gedanken und dem Menschen, für den wir baten, damit wir auf den weiteren vier Schritten gegensonnen frei sind für die nächste Fürbitte. Wir können auch einen ganzen Tanz für nur eine Fürbitte tanzen.

Nimmt man den Tanz mehrmals hintereinander auf, so bewegt man sich zu Beginn des Tanzes die ersten sechzehn Schritte seitlich schwingend auf der Stelle: rechts seit, links seit und so weiter.

Glockengeläut im Prozessionsschritt (Kerzentanz)

Quelle: Freiburger Domsingknaben: *Marienlob im Freiburger Münster*, Aurophon 11025, 1979

Position: auf der Kreislinie, übliche Handfassung

Schritte: vier Schritte gegensonnen: rechts, links, rechts, links; rechts schräg nach außen (über die äußere Kreislinie), links auf die äußere Kreislinie, rechts schräg nach innen (innerhalb der äußeren Kreislinie), links auf die äußere Kreislinie.

Tempo: Die Gruppe findet das Tempo der Schritte, indem sie auf das Glockenläuten hört.

Tanzform:

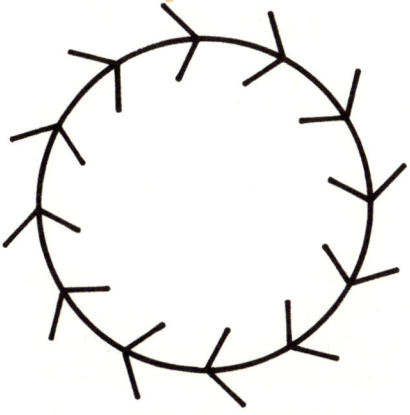

Didaktisches: Man kann diesen Tanz zu jedem Glockengeläute einer großen Kirche tanzen. Als Tanzform ist auch der Reihentanz möglich. Die Tänzer können Kerzen in ihren rechten Händen halten und ihren Vordermann mit der linken Hand sanft berühren, oder sie gehen mit Kerzen in den Händen, ohne einander zu berühren.

87

Halleluja (Kerzentanz)

Text: Halleluja (vier Silben)
  Der Text wird leise gesprochen, oder jeder summt nach
  improvisierter Melodie.

Position: auf der Kreislinie; die rechten Hände der Tänzer
  liegen auf den linken Schultern ihrer Vordermänner; die
  linken Schultern zeigen zur Kreismitte; in den linken
  Händen halten die Tänzer brennende Kerzen.

Schritte: drei Schritte vorwärts gegensonnen: rechts, links,
  rechts;
  einen Schritt rückwärts: links

Tanzform:

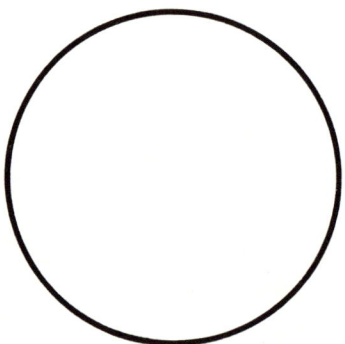

Didaktisches: Zunächst werden die Schritte kurz eingeübt.
  Dann summt jeder Tänzer seine Melodie auf »Halleluja,
  halleluja . . .« und so weiter. Allmählich pendelt sich die
  Gruppe auf eine gemeinsame Musik und gleichmäßiges
  Schreiten ein. Diese Tanzform eignet sich als Gruppen-
  abschluß. Es ist auch möglich, in der Reihe zu schreiten
  und keine Kerzen zu verwenden.

Anbetung

Quelle: *Aranjuez*; Jean-Christian Michel, Riviera RLP 16021, 1970, Seite B, erstes Stück »Oratorio de Noel«

Position: auf der Kreislinie, Gesicht zur Mitte, übliche Handfassung

Schritte: *Teil 1:* vier Schritte gegensonnen schreiten, dann mit kleinem Schritt rechts zurück, links an und mit kleinem Schritt rechts vor auf die Kreislinie und links ansetzen. Diese Sequenz wird achtmal getanzt. Beim Zurückgehen von der äußeren Kreislinie verneigen sich die Tänzer leicht, beim Vorgehen richten sie sich wieder auf.

Teil 2: mit vier Schritten zur Kreismitte gehen, Handfassung lösen und Arme ganz emporheben; den Körper sanft nach hinten öffnen, so daß er wie ein Kelch wirkt. Mit vier Schritten zurückgehen und dabei sanft die Arme wieder senken. Auch diese Sequenz wird achtmal getanzt.

Dann wieder Teil 1 und Teil 2 tanzen.

Tanzform:

Didaktisches: Kurzes Üben der Schritte und der entsprechenden Körperhaltungen: im ersten Teil das Verneigen, im zweiten Teil das Öffnen. Wenn sich die Tänzer in der Kreismitte öffnen, können sich ihre Arme eventuell leicht berühren.

Bedeutung: Die beiden Aspekte der Anbetung, Verneigen und Empfangen, sollen ausgedrückt werden.

89

Liturgische Tänze

Ehre sei dem Vater

Quelle: *Mit Hoheit und Pracht*, Psalmengesänge im Gottesdienst der Ostkirche, Tabor Nr. 7011, Seite B, zweites Stück, 1971

Position: auf der Kreislinie, Gesicht zur Kreismitte, übliche Handfassung

Schritte: zum Text »*E*hre sei dem *V*ater und dem *S*ohn und dem Heiligen *G*eiste« gegensonnen schreiten; zu »*j*etzt und alle Zeit und von Ewigkeit zu *E*wigkeit« auf der Stelle wiegen: rechts, links, rechts, links mit dem Gesicht zur Kreismitte; beim »Amen«: stehend am Platz die Arme heben und senken.

Tanzform:

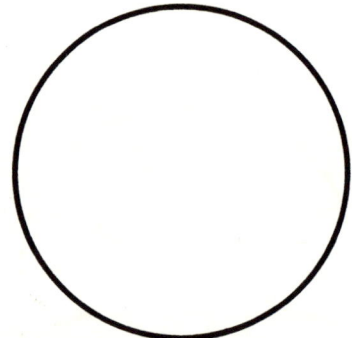

Didaktisches: Durch wiederholtes Hören erfaßt man den Rhythmus dieses Sprechgesanges. Der Rhythmus ist hier durch kursiv gesetzte Buchstaben angedeutet.

Bedeutung: Dieser Tanz, der auf einfacher und sparsamer Bewegung in Verbindung mit Gebärde beruht, kann auch in der Liturgie eingesetzt werden. Da die Musik sehr kurz ist, ist eine drei- oder neunmalige Wiederholung zu empfehlen.

Kyrie (gesungen)

Ky-rie e - lei - son, ky-rie e - lei - son, Ky-rie e - lei - son

Zu dieser Melodie singen die Tänzer folgende Texte:

Kyrie eleison . . .
Christe eleison . . .
Ave Maria . . .
Vater unser . . .
Mit dem Sohne . . .
und dem Heiligen Geist . . .

Position: auf der Kreislinie, übliche Handfassung

Schritte: bleiben im Tempo immer gleich

Tanzform: in der Spirale hinein- und wieder aus ihr heraus-
schreiten und so den ganzen Raum spiralig durchschreiten

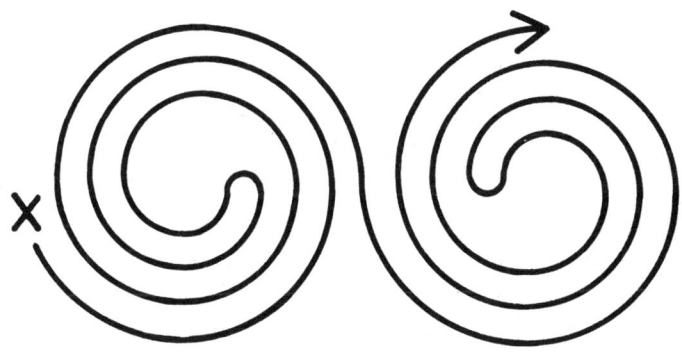

Bedeutung: Dies ist ein Fürbittetanz. Die Spirale ist das Evo-
lutionszeichen, das für unendliches Wachstum steht.

91

Kyrie (Palestrina)

Quelle: Kyrie aus der *Missa Papae Marcelli* von Giovanni Pierluigi Da Palestrina (um 1525–1594), Polydor 415 517, 1986

Text: Kyrie eleison – Christe eleison – kyrie eleison

Position: auf der Kreislinie, Gesicht zur Mitte, übliche Handfassung

Vorspiel: ein Kyrie eleison, also acht Schritte

Schritte: vier Schritte zur Mitte: rechts, links, rechts, links;
zwei Schritte zurück: rechts, links;
zwei Schritte vor: rechts, links und dabei Unterarme kreuzen und erheben (rechter Unterarm vor dem linken des rechten Nachbarn; linker Unterarm hinter dem rechten des linken Nachbarn)
sechs Schritte aus der Kreismitte (das heißt: zwei Schritte über die äußere Kreislinie hinaus) und Arme senken, übliche Handfassung;
Zwei Schritte vor die äußere Kreislinie.

Tanzform:

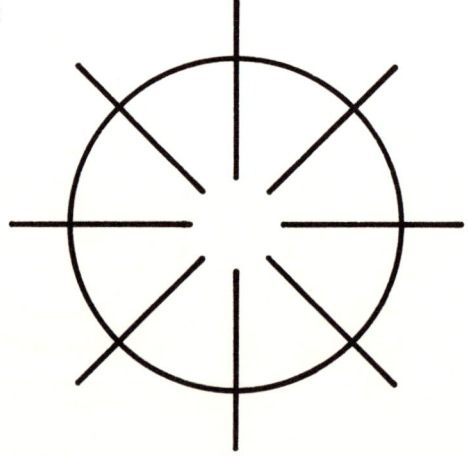

Didaktisches: Zunächst Sequenzen von jeweils acht Schritten üben, damit das Bild der Tanzform klar wird, dann auch Handfassung und Armhaltung einüben. Das erste Kyrie

endet auf der äußersten Kreislinie. Das zweite Kyrie endet auf der inneren Kreislinie. Das dritte Kyrie endet auf der äußeren Kreislinie.

Bedeutung: Mit diesem Tanz kann man einen Abend eröffnen oder beenden. Er eignet sich für die Passionszeit oder in Krisensituationen. Die Überschreitung der äußeren Kreislinie soll ausdrücken, daß wir über alle Grenzen hinweg, auf der ganzen Erde und im ganzen Universum auf Gottes Gnade angewiesen sind.

Anmerkung: Dieses Kyrie von Palestrina hat auch der Flötist Paul Horn arrangiert: *Inside II*, Epic KE 31 600, 1972

Kyrie (Cardoso)

Quelle: *Missa pro defunctis*, Cardoso (1566–1630), Dr. Roether Verlag, 7803 Gundelfingen

Position: auf der Kreislinie, unangefaßt

Schritte: *1. Kyrie*....: vier Schritte gegensonnen, dann Arme so heben, daß die inneren Handflächen zur Kreismitte zeigen und gleichzeitig zweimal rechts seit, links seit.
2. Christe...: vier Schritte zur Mitte, dabei Arme so halten, daß die inneren Handflächen zum Himmel zeigen; zweimal rechts seit, links seit;
vier Schritte zurück und Arme senken.
3. Christe...: wie 1. Kyrie...
4. Kyrie...: wie 2. Christe...

Tanzform:

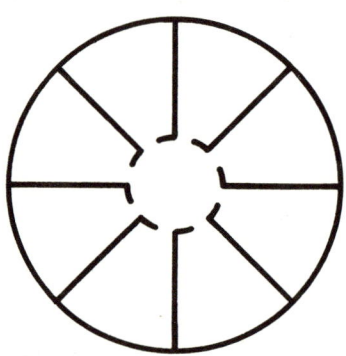

Didaktisches: Sehr langsam schreiten. Die Arme werden bei allen vier Anrufungen schräg nach außen rechts und links gehalten. Die rechten Arme kreuzen vor den linken Armen der rechten Nachbarn; die linken Arme kreuzen hinter den rechten Armen der linken Nachbarn. Die Arme werden immer dann gesenkt, wenn die Tänzer die vier Schritte gegensonnen auf der äußeren Kreislinie und die vier Schritte von der Mitte zurück zur äußeren Kreislinie gehen. So wird die gesamte Bewegung für die Tänzer weniger anstrengend, als wenn sie die Arme während des ganzen Tanzes heben müßten.

Sanctus aus der h-Moll-Messe von Bach

Quelle: J.S. Bach: *Messe h-Moll;* Helmut Rilling, Bach-Collegium Stuttgart, CBS 79307, Plattenseite 5

Position: auf der äußeren Kreislinie, Gesicht zur Mitte, übliche Handfassung oder unangefaßt

Schritte:

1. vier Schritte gegensonnen
2. zwei Seitschritte: rechts seit, links seit; rechts seit, links seit
3. vier Schritte in kleinem Bogen mitsonnen um die eigene Achse
4. vier Schritte zur Mitte, den vierten Schritt mitsonnen, also um die rechte Schulter, mit dem Rücken zur Mitte
5. vier Schritte aus der Mitte (Gesicht zur äußeren Kreislinie), den vierten Schritt gegensonnen, also um die linke Schulter
6. zwei Seitschritte: rechts seit, links seit; rechts seit, links seit; dabei die Arme anwinkeln und die Hände heben (innere Handflächen zeigen zur Mitte)

Vorspiel: die zwei Töne des »Sanctus«

Tanzform:

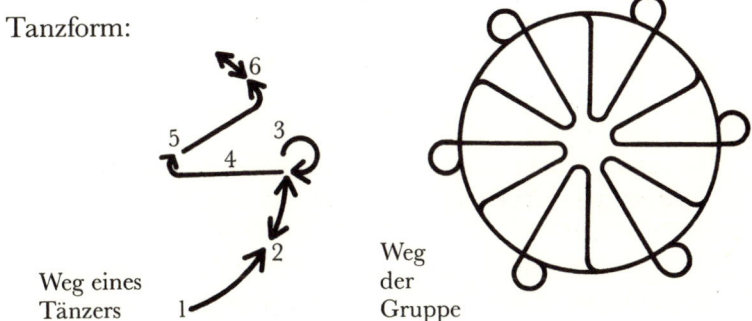

Weg eines Tänzers

Weg der Gruppe

Didaktisches: Wichtig: richtige Richtung der Bögen! Erst den gesamten Weg abgehen, dann die Seitschritte einflechten. Probieren, welche Teile angefaßt getanzt werden können (hängt von Gruppe und Gruppengröße ab).

The Bread of Life (Das Brot des Lebens)

Quelle: *Light Eternal*, John Michael Talbot, Birdwing 518, 1982

Text:

The Bread of Life	Das Brot des Lebens
I am the Bread of Life	ICH BIN das Brot des Lebens
(Take this bread...)	(Nimm dieses Brot...)
I am meek and lowly of heart .	ICH BIN demütigen und bescheidenen Herzens
(It is my body broken for you)	(Es ist mein Körper, gebrochen für dich)
I am the Living Water	ICH BIN das lebendige Wasser
(Take this cup drink from this cup)	(Nimm diesen Kelch und trinke daraus)
I am poured out for	ICH BIN ausgegossen für dich
(It is my blood shed for you)	(Es ist mein Blut, vergossen für dich)
The life of the world	Für das Leben der Welt.
I am the Lamb of God	ICH BIN das Lamm Gottes
(Lamb of God love of God)	(Lamm Gottes – Liebe Gottes)
The Chosen One	Der auserwählte EINE
(Who takes away)	(Der hinwegnimmt)
To forgive the sins of the world	Zu vergeben die Sünden dieser Welt
(This world's sin)	(Dieser Welt Sünden)
I am the Light of God	ICH BIN das Licht Gottes
(Lamb of God Light of God)	(Lamm Gottes – Licht Gottes)
To guide our feet	Zu leiten unsere Füße
(Grant to us)	(Gewähre es uns)
To the way of peace	Auf den Weg des Friedens
(Grant us peace)	(Gewähre uns Frieden)

Lord Lord we are not	Herr, Herr, wir sind nicht
(Lord Lord)	(Herr, Herr)
Worthy to receive you	Würdig, Dich zu empfangen
Lord Lord only speak your	Herr Herr, sprich nur Dein
word	Wort
(Lord Lord)	(Herr, Herr)
Only speak your word	Sprich nur Dein Wort
And we shall be healed	Und wir werden geheilt sein
We shall be healed	Wir werden geheilt sein

Position: auf der Kreislinie, übliche Handfassung, eng stehend, Gesicht zur Mitte

Schritte: viermal: rechts seit, links an, wobei der rechte Schritt breiter gesetzt wird als der linke. Dadurch bewegt sich der Kreis langsam schwingend gegensonnen.
Viermal: rechts vor, links zurück. Die Schritte vor und zurück werden nicht gesetzt, sondern geschwungen, wodurch der Körper sanft gewiegt wird.

Vorspiel: Neunmal rechts-links am Platz schwingen, also achtzehn Schritte lang; langsames Tempo wählen!

Tanzform:

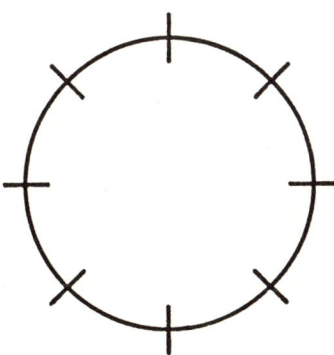

Bedeutung: Dieses Lied kann als Vorbereitung, Begleitung oder Nachbereitung zur Eucharistie tanzend verwendet werden.

Druidengesang (Tuchtanz)

Quelle: *Gesang einer Druidenpriesterin*, Dr. Roether Verlag 7803, Gundelfingen (Kassette) oder: *Magical Ring*, Clannad, Seite A, erstes Stück. RCA NL 71473, 1983 (Platte)

Erste Position: auf der Kreislinie, Gesicht zur Mitte, übliche Handfassung.

Bewegung: Mit Tüchern in den Händen stellen die Tänzer, angefaßt oder unangefaßt, sanfte Wellenbewegungen dar, wobei sie sich kaum vom Platz entfernen.

Zweite Position: in einer Reihe mit üblicher Handfassung oder auf der Kreislinie angefaßt oder unangefaßt stehend.

Schritte: drei vor, zwei zurück, drei vor, zwei zurück, drei vor, einen zurück, einen vor, drei zurück, zwei vor, drei zurück, zwei vor, drei zurück, einen vor, einen zurück.

Tanzform:

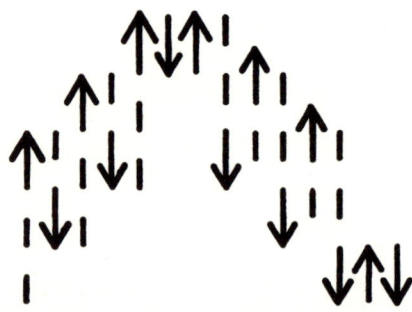

Didaktisches: Da die Tücher Wasser darstellen sollen, sollten sie in blauen und weißen Tönen sein. Die Tänzer können den Rhythmus dieses Tanzes selbst finden.
Es wird entweder die erste oder die zweite Position getanzt.

Bedeutung: Druiden sind die alten keltischen Weisen, die aus der Sicht der Griechen die Sprache der Götter sprachen. Wasser ist die früheste Form, in der Gott sich offenbarte.

Taizé, getanzt

Adoramus Te Domine

Quelle: *Taizé Cantate*, TZ 405, 1980 (Taizé-Kassette)

Text: Oh, oh, oh, adoramus Te Domine
(Oh, oh, oh, Dich, Herr, beten wir an)

Position: auf der Kreislinie, Gesicht zur Mitte, übliche Handfassung

Schritte: auf »Oh, oh, oh« drei Schritte gegensonnen: rechts,
links, rechts; dann den vierten Schritt ansetzen: links;
auf »Adoramus Te Domine« vier Schritte zur Mitte:
rechts, links, rechts, links;
auf »Oh, oh, oh« jetzt drei Schritte gegensonnen auf der
inneren Kreislinie: rechts, links, rechts; dann den vierten
Schritt ansetzen: links;
auf »Adoramus Te Domine« vier Schritte aus der Mitte:
rechts, links, rechts, links;
von vorne wiederholen

Tanzform:

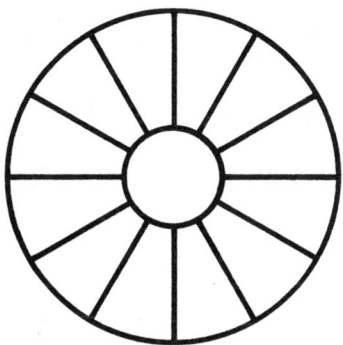

Didaktisches: Bei »Oh, oh, oh« muß der dritte Schritt (rechts)
bereits in Richtung der Kreismitte gesetzt werden, damit
der vierte Schritt (links) nur noch angesetzt werden
muß, wenn der Tänzer dann in die Mitte oder aus der
Mitte gehen will.

99

Laudate omnes gentes

Quelle: *Gesänge aus Taizé*, Christophorus-Verlag, Freiburg, SCGLX 74 036, 1986

Text: Laudate omnes gentes, laudate dominum,
Laudate omnes gentes, laudate dominum.
Lobsingt, ihr Völker alle,
Lobsingt und preist den Herrn!

Position: auf der Kreislinie, Gesicht zur Mitte; paarweise, aber in gleichen Abständen einzeln stehend, nicht angefaßt

Schritte: *rechter Partner (vorher vereinbart):*
zu »Laudate omnes gentes«: linken Fuß nach links vorn, dabei den linken Arm heben und die linke innere Handfläche nach unten halten, die Hand des linken Partners sanft berühren; rechts an; linken Fuß zurück, rechts an, dabei Arm senken;
zu »Laudate dominum« dasselbe wiederholen;
zu »Laudate omnes gentes«: rechten Fuß nach rechts vorn, dabei den rechten Arm heben und die rechte innere Handfläche nach oben halten, die Hand des rechten Partners sanft berühren; links an; rechten Fuß zurück, links an, dabei Arm senken;
zu »Laudate dominum« dasselbe wiederholen;
linker Partner (vorher vereinbart):
zu »Laudate omnes gentes«: rechten Fuß nach rechts vorn, dabei den rechten Arm heben und die rechte innere Handfläche nach oben halten, die Hand des rechten Partners sanft berühren; links an; rechten Fuß zurück, links an, dabei Arm senken;
zu »Laudate dominum« dasselbe wiederholen;
zu »Laudate omnes gentes«: linken Fuß nach links vorn, dabei den linken Arm heben und die linke innere Handfläche nach unten halten, die Hand des linken Partners sanft berühren; rechts an; linken Fuß zurück, rechts an, dabei Arm senken;
zu »Laudate dominum« dasselbe wiederholen.

Tanzform:

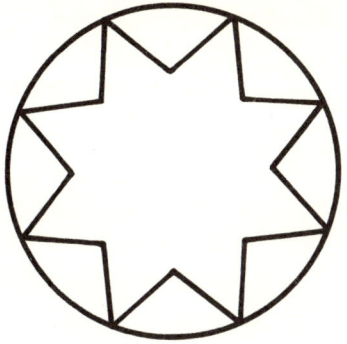

Didaktisches: Am Anfang auf gute Verteilung der einzeln stehenden Partner achten. Partner müssen sich knapp berühren können. Linke und rechte Partner müssen klar
festgelegt sein.
Das Schwingen, jeweils zweimal nach einer Seite, vorma-
chen, erst dann mit Musik tanzen.
Der Text klingt schwieriger als der Schritt ist.

Bedeutung: Das »Laudate« soll durch das Vor- und Zurückschwingen ausgedrückt werden. »Omnes gentes« wird
dadurch ausgedrückt, daß die Tänzer einzeln stehen und
dann im Schwingen mal den rechten, mal den linken
Partner berühren und erleben.

Confitemini dominum

Quelle: *Gesänge aus Taizé*, Deutscher Katechetenverein, München 80, CS 16

Text: Confitemini dominum, quoniam bonus,
confitemini dominum halleluja!
Laßt uns dem Herrn vertrauen, denn ER ist gut,
Laßt uns dem Herrn vertrauen, Halleluja!

Position: In Dreier-, Vierer- oder Fünfergruppen auf der äußeren Kreislinie stehend; mit den linken Armen zur Kreismitte berühren sich die linken Hände sanft; angewinkelte Arme

Schritte: zu »Confitemini dominum, quoniam«: mit neun Schritten gegensonnen schreiten, rechts beginnt;
zu »bonus«: drei Schritte mit Richtungswechsel am Platz, so daß nun die rechten Arme zur Kreismitte weisen: rechts, links, rechts;
zu »confitemini dominum«: sechs Schritte mitsonnen schreiten mit angewinkelten rechten Armen und sanfter Berührung der rechten Hände, links beginnt;
zu »halleluja«: beide Hände fassen den Partner an, die Arme werden erhoben; sechs Schritte lang am Platz hin- und herwiegen, nach rechts beginnend.

Tanzform:

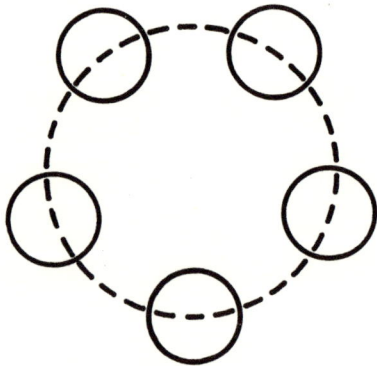

Didaktisches: Der Wechsel der Richtungen soll fließend sein. Sehr schön tanzt es sich, wenn man sich zu viert im Kreuz gegenübersteht; es ist aber auch zu dritt oder zu fünft möglich. Wenn Text und Melodie des Gesanges bekannt sind, können die Tänzer ihn auch selbst singen.

Bedeutung: Der Richtungswechsel verlangt Wachheit der Tänzer. Vertrauen heißt »in jede Richtung« vertrauen und wach sein.

Oh Christe Domine Jesu

Quelle: *Resurrexit*, OV-TZ 408, Seite B (Taizé-Kassette 1984)

Position: auf der Kreislinie, Gesicht zur Mitte, übliche Handfassung

Schritte: zum Liedtext sechs Schritte zur Mitte, dabei die angefaßten Hände sanft und fließend heben:

rechts,	links,	rechts,	links,	rechts,	links
Oh	Chris-	te,	Domine Je-		su

Dasselbe wieder aus der Kreismitte zurück in sechs Schritten, dabei sanft fließend die Arme senken.

Tanzform:

Didaktisches: Darauf achten, daß die Körper der Tänzer immer in gleichmäßiger Bewegung sind.

Bedeutung: Mit diesem Tanz wird Aufmerksamkeit geübt, Hingabe und Balance. Er eignet sich als Einstieg oder als Abschluß einer Meditationstanzeinheit.

Bleibet hier

Quelle: *Gesänge aus Taizé*, Christophorus-Verlag, Freiburg, SCGLX 74 036, 1986

Text: Bleibet hier und wachet mit mir. Wachet und betet.

Position: Gesicht zur Kreismitte, übliche Handfassung, auf der Kreislinie beginnen

Schritte: rechts schräg vor, links setzt an

rechts gerade zurück, links an

links schräg vor, rechts setzt an

links gerade zurück, rechts an.

Tanzform:

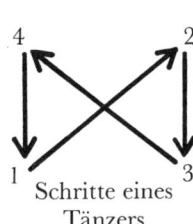

Schritte eines
Tänzers

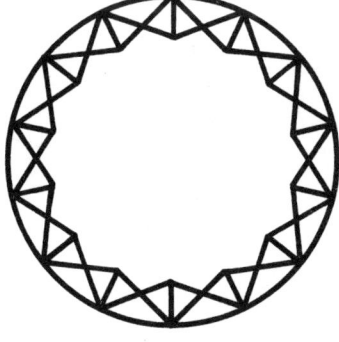

Weg der Gruppe

Didaktisches: Erst werden die Schritte geübt. Man kann den Schritt, der die Führung hat (das heißt den Schritt, der nicht angesetzt wird), mit etwas mehr Schwung setzen. Dann werden die enge Handfassung und die gemeinsame Schwingung geübt. Die Figur wird auf den ganzen Text dreimal getanzt.

Bedeutung: Der Tanz ist sehr ruhig und bewegt sich fast nur am Platz. Der Text des Liedes bezieht sich auf die Worte Jesu in Gethsemane (Matthäus 26,41). Die Tanzform stellt die Dornenkrone dar.

105

Veni sancte spiritus

Quelle: *Taizé Cantate*, TZ 405, Seite B (Taizé-Kassette 1980)

Text: Veni sancte spiritus (Komm, Heiliger Geist)

Position: auf der Kreislinie, Gesicht zur Mitte, übliche Handfassung

Schritte: rechts seit, links seit, rechts seit, links an

Tanzform:

Ubi caritas

Quelle: *Taizé Cantate*, TZ 405, (Taizé-Kassette 1980)

Text: Ubi caritas et amor, Deus ibi est.
(Wo Güte und Liebe, da wohnet Gott.)

Position: auf der Kreislinie, Gesicht zur Mitte, übliche Handfassung

Schritte: vier Schritte gegensonnen, das heißt: zwei Schritte gegensonnen: rechts, links und dritter Schritt: rechts auf der Kreislinie; vierter Schritt: links an;
rechts vor, links an; rechts zurück, links an.
Diese Schrittfolge wird mit weniger als fünfzehn Teilnehmern getanzt. Mit mehr als fünfzehn Tänzern können zwei Kreise gebildet werden. Der Außenkreis tanzt dann die beschriebene Schrittfolge, während der Innenkreis wie folgt tanzt:
vier Schritte gegensonnen: rechts zurück, links vor; rechts vor, links zurück.

Vorspiel: erste gesungene Zeile, etwa zwölf Schritte

Tanzform:

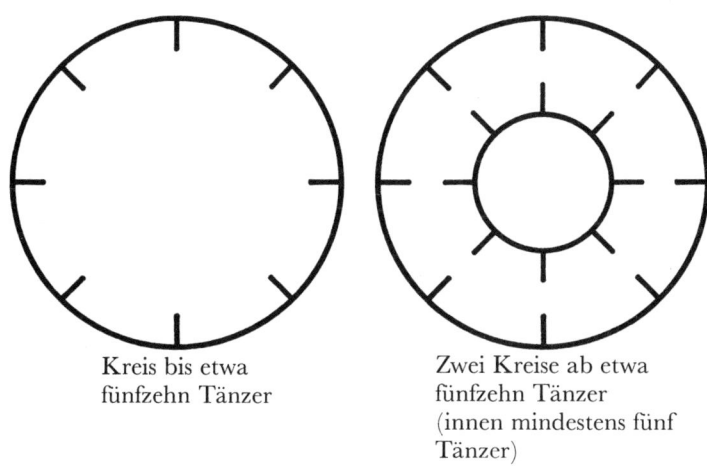

Kreis bis etwa
fünfzehn Tänzer

Zwei Kreise ab etwa
fünfzehn Tänzer
(innen mindestens fünf
Tänzer)

107

Getanzte Kirchenlieder

Nun komm, der Heiden Heiland (Kerzentanz)

Quelle: *Bläserspiel;* Kantonialsätze von Lucas Osiander
(1534–1604) und Johannes Eccard (1553–1611), Christophorus-Verlag, Freiburg, SCGLX 73 965

Text:

Nun komm, der Heiden Heiland,
Der Jungfrauen Kind erkannt,
Daß sich wunder alle Welt,
Gott solch Geburt ihm bestellt.

Er ging aus der Kammer sein
Dem königlichen Saal so rein
Gott, von Art und Mensch, ein Held
Sein' Weg er zu laufen eilt.

Sein Lauf kam vom Vater her
Und kehrt wieder zum Vater,
Fuhr hinunter zu der Höll
Und wieder zu Gottes Stuhl.

Dein Krippen glänzt hell und klar.
Die Nacht gibt ein neu Licht dar.
Dunkel muß nicht kommen drein,
Der Glaub bleibt immer im Schein.

Lob sei Gott dem Vater gtan,
Lob sei Gott seim eingen Sohn,
Lob sei Gott dem Heilgen Geist
Immer und in Ewigkeit.
(Nach dem lateinischen *Veni redemptor gentium* des Bischofs
Ambrosius [um 340–397]; deutsch von Martin Luther.)

Position: auf der Kreislinie, Gesicht zur Mitte; jeder Tänzer
steht für sich mit einer Kerze in der rechten Hand

Schritte: drei Schritte vor: rechts, links, rechts und links zu-
       rück;
       drei Schritte vor: rechts, links, rechts und links an;
       drei Schritte zurück: rechts, links, rechts und links vor;
       drei Schritte zurück: rechts, links, rechts und links an.

Tanzform:

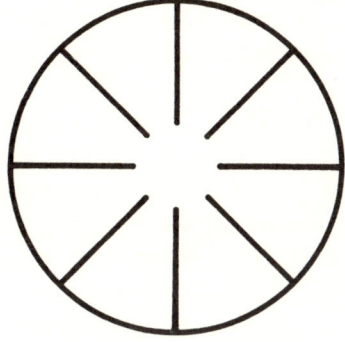

Didaktisches: Gleichmäßiges Schreiten und fließende Bewe-
       gungen sind wichtig.
       Dieser Tanz kann auch ohne Kerzen mit üblicher Hand-
       fassung getanzt werden.

Großer Gott, wir loben Dich (gesungen)

Quelle: *Kirchliches Gesangbuch* (Nach dem altkirchlichen *Te Deum laudamus* von Ignaz Franz, 1719–1790)

Position: auf der Kreislinie, Gesicht zur Mitte, übliche Handfassung

Text und Schritte:»Großer Gott, wir loben Dich«: mit vier Schritten zur Kreismitte, rechts beginnt, dabei die Arme langsam heben;
»Herr, wir preisen Deine Stärke«: mit erhobenen Armen vier Schritte gegensonnen, rechts beginnt.
»Vor Dir neigt die Erde sich«: mit vier Schritten aus der Mitte, rechts beginnt, dabei die Arme langsam senken;
»Und bewundert Deine Werke«: mit vier Schritten gegensonnen;
»Wie Du warst zu aller Zeit«: vier Schritte des Unendlichkeitszeichens nach rechts: rechts, links, rechts, links
»So bleibst Du in Ewigkeit«: vier Schritte des Unendlichkeitszeichens nach links: rechts, links, rechts, links
»Wie Du warst...« wiederholen

Tanzform:

Didaktisches: Beim Unendlichkeitszeichen den Körper in die jeweilige Richtung mitnehmen, zunächst gegensonnen, dann mitsonnen.

Komm her, freu dich mit uns

Quelle: *Neue Lieder aus Gotteslob*, Studio Union im Lahnverlag, Limburg, Bestellnummer SU 373, Seite B, erstes Lied

Position: auf der Kreislinie, Gesicht zur Mitte, übliche Handfassung

Text: Komm her, freu dich mit uns, tritt ein,
denn der Herr will unter uns sein,
Er will unter den Menschen sein.

Schritte: Das Lied besteht aus drei Zeilen und dauert eine Minute, sechs Sekunden. Daher ist es günstig, das Lied mehrmals hintereinander aufzunehmen, beispielsweise drei-, sechs- oder neunmal. Das ganze Lied, also alle drei Zeilen, gilt jetzt als ein Teil.
Erster Teil: mit vier Schritten in schnellem, lockerem Tempo zur Mitte, dabei die Arme heben;
mit vier Schritten in schnellem, lockerem Tempo aus der Mitte heraus, dabei die Arme senken.
Zweiter Teil: im Wechselschritt auf der Kreislinie gehen: rechts, links, rechts, links, rechts, links, wobei das Tempo kurz, kurz, lang eingehalten wird.
Dritter Teil: mit vier langsamen Schritten zur Mitte, wobei die Arme locker hängen;
mit vier Schritten aus der Mitte, ebenfalls mit locker hängenden Armen.

Vorspiel: acht Schritte, instrumental

Tanzform:

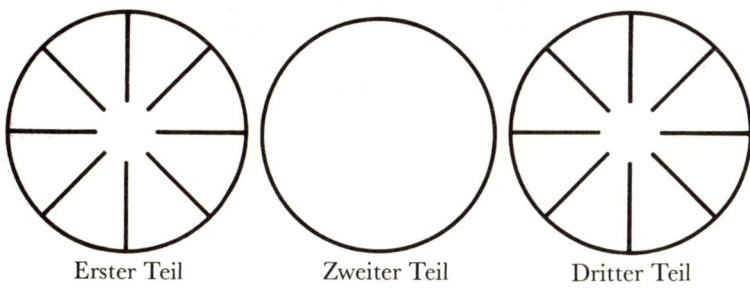

Erster Teil   Zweiter Teil   Dritter Teil

111

Didaktisches: Die Schritte und ihr Tempo werden kurz ange-
tanzt; Üben ist nicht notwendig.

Bedeutung: Dieser Tanz ist sehr fröhlich, einladend, etwas
»schmissig« und rhythmisch klar. Er eignet sich daher
für Anfänger und auch für Großgruppen zu Beginn eines
Treffens.

Adventstänze

Verkündigung an Maria

Quelle: Ariel Ramirez/Félix Luna: Navidad Nuestra. La An-
unciación (Chamamé): *Misa Criolla;* Philips 6527 136,
1965 (lateinamerikanische Folkloremusik, spanischer
Text)

Position: auf der Kreislinie, Gesicht zur Mitte, übliche Handfassung

Schritte zur Musik: *Erster Teil: instrumentales Vor- oder Zwischenspiel, Chor (Maria)*
Hände loslassen, zweimal langsam rechts vor, links an;
dann Arme vor der Brust kreuzen und sich verneigen;
zweimal langsam rechts zurück, links an; dann Arme vor
der Brust kreuzen und sich verneigen.
Zweiter Teil: Männerstimme (Engel Gabriel)
Mitsonnen auf der Kreislinie sechzehnmal folgende Drei-
erschrittsequenz: links (großer Schritt, betont), rechts
und links (kleine Schritte, fast am Platz); rechts (großer
Schritt, betont), links und rechts (kleine Schritte, fast am
Platz); der Rhythmus bleibt gleich; die Arme werden
dazu angefaßt gehoben.
Der zweite Teil beginnt mit zwei kurzen Tönen Auftakt.

Tanzform:

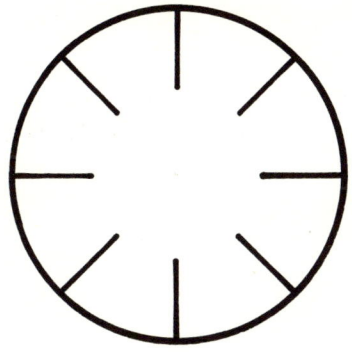

Didaktisches: Wichtig ist das Einhören in Rhythmus und Aufbau der Musik. Die Schritte sind einfach einzuüben, das
Tempo muß ausprobiert werden.

Bedeutung: Es handelt sich um die Verkündigung des Engels
Gabriel an Maria (Lukas 1,28ff). Die Männerstimme
steht für den Engel. Daher gehen wir im zweiten Teil
mitsonnen und mit erhobenen Armen, um den Segensgruß an Maria auszudrücken. Maria wird durch das
instrumentale Vor- und Zwischenspiel und den Chor
ausgedrückt. Wie sie gehen die Tänzer langsam auf die
Mitte – Jesus – zu und verneigen sich.

Syt willekomen heirre krist

Quelle: Heidelberger Handschrift von 1382 (Text):
Und unser lieben Frauen; Deutsche Harmonia Mundi,
1 C 067 19 9979 1, 1984

Text: Syt willekomen heirre krist
want du unser alre here bis
Sys willekomen lieve heirre
her in ertriche also schone
Kirieleys

Position: auf der Kreislinie, Gesicht zur Mitte, übliche Handfassung.

Schritte: rechts vor, wippen (kein Schritt), links (am Platz) aufsetzen, rechts an;
links vor, wippen (kein Schritt), rechts (am Platz) aufsetzen, links an.
Bei »Kirieleys« die Arme langsam anwinkeln, so daß die Hände in Schulterhöhe sind und die inneren Handflächen zur Kreismitte zeigen.

Vorspiel: instrumental

Tanzform:

Didaktisches: Die Bewegung ist schwingend, als würde das Kind gewiegt.

Bedeutung: Dieser Tanz drückt das erste Zugehen auf das Kind aus, das in der Mitte zu denken ist. Dieses Lied ist das älteste deutsche Weihnachtslied.

114

Weihnachtschoräle im Prozessionsschritt

Quelle: »Wachet auf, ruft uns die Stimme« aus der Bachkantate Nr. 172, *Bläserspiel,* Christophorus-Verlag, Freiburg, SCGLX 73 965;
»Wie schön leuchtet der Morgenstern«, Bachkantate Nr. 1, *Bläserspiel*
»Wie schön leuchtet der Morgenstern«, Georg Friedrich Kauffmann (1679–1735), *Musik für Oboe und Orgel,* Carus FSM 53121, 1978

Position: in einer Reihe hintereinander, an den linken Schultern mit der rechten Hand locker berühren

Schritte: vier Schritte vor: rechts, links, rechts, links; rechten Fuß schräg nach rechts vorn, links zurück, rechten Fuß schräg nach links vorn, links zurück.

Tanzform:

Didaktisches: Mit diesem Prozessionsschritt kann man Räume in geraden oder geschwungenen Linien abschreiten, auf der Kreislinie oder in der Spirale. Wenn sich die Reihen begegnen – dazu braucht man allerdings genug Tänzer – erlebt man durch den schrägen Schritt eine besondere Dynamik.

Bedeutung: Prozessionen sind eine sehr alte, kultische Art zu gehen.

Ave Maria, gratia plena

Quelle: *Tauet, Himmel, den Gerechten;* Christophorus-Verlag, Freiburg, SCGLX 73889

Text:

Ave Maria, gratia plena

»Ave Maria, gratia plena.«
So grüßt' der Engel die Jungfrau Maria,
da er von dem Herrn die Botschaft bracht.

»Siehe, du sollst einen Sohn empfangen;
danach trägt Himmel und Erde Verlangen,
daß du die Mutter des Herrn sollst sein.«

»Engel, sag an, wie soll das nur werden,
da ich kein'n Mann erkenne auf Erden,
in dieser Welt so weit und breit?«

»Der Heilge Geist wird über dich kommen,
gleichwie der Tau kommt über die Blumen;
also will Gott geboren sein.«

Maria hört' des Höchsten Begehren.
Sie sprach: »Ich bin die Magd des Herren;
nach deinem Wort geschehe mir.«

Nun woll'n wir danken, preisen und loben
den Herrn im Himmel so hoch da droben,
daß er uns all erlöset hat.

Position: auf der Kreislinie, Gesicht zur Mitte, übliche Handfassung

Vorspiel: zwölf Triolen, wiegen auf der äußeren Kreislinie

Schritte: acht Schritte vor (jeweils drei Takteinheiten [Triolen] sind ein Schritt): rechts, links, rechts, links, rechts, links, rechts, links. Diese Schritte werden wiegend-schwebend getanzt, also sehr weich. Die Arme schwingen auf dem rechten Schritt nach vorn und auf dem linken nach hinten. Mit vier großen Schritten aus der Mitte schreiten; auch die instrumentalen Zwischenspiele tanzen.

Tanzform:

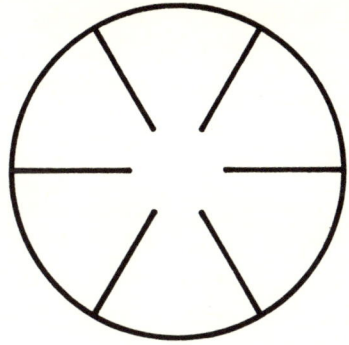

Didaktisches: Das schwebende Gehen sollte vorher geübt werden.

Bedeutung: Mit dem schwebenden Gehen in kleinen Schritten soll die Begegnung zwischen dem Engel Gabriel und Maria ausgedrückt werden.

Maria durch ein Dornwald ging

Quelle: *Flüstern der Götter;* (nur instrumental) Dr. Roether Verlag, 7803 Gundelfingen.

Text: Maria durch ein Dornwald ging, Kyrie eleison.
Maria durch ein Dornwald ging,
der hat in sieben Jahr kein Laub getragen.
Jesus und Maria.

Was trug Maria unter ihrem Herzen? Kyrie eleison.
Ein kleines Kindlein ohne Schmerzen,
das trug Maria unter ihrem Herzen.
Jesus und Maria.

Da haben die Dornen Rosen getragen. Kyrie eleison.
Als das Kindlein durch den Wald getragen,
da haben die Dornen Rosen getragen.
Jesus und Maria.

(Der Text war bereits im 16. Jahrhundert bekannt, die Musik ist wahrscheinlich jünger.)

Position: auf der Kreislinie, Gesicht zur Mitte, übliche Handfassung

Schritte: *Erste Zeile:* vier Schritte gegensonnen: rechts, links, rechts, links (langsam);
zweite und dritte Zeile: acht Schritte gegensonnen: rechts, links, rechts, links, rechts, links, rechts, links (doppelt so schnell wie die erste Zeile).
Zu »Kyrie eleison« und »Jesus und Maria« werden die Arme so angewinkelt, daß der rechte Unterarm vor dem linken Unterarm des rechten Tänzers erhoben ist, während der linke Unterarm hinter dem rechten Unterarm des linken Tänzers erhoben ist. In dieser Haltung schwingen die Tänzer langsam zur Seite: zweimal rechts seit, links seit. Die Körperfront zeigt dabei zur Kreismitte.
Das instrumentale Zwischenstück wird geschritten wie die erste Zeile.

Tanzform:

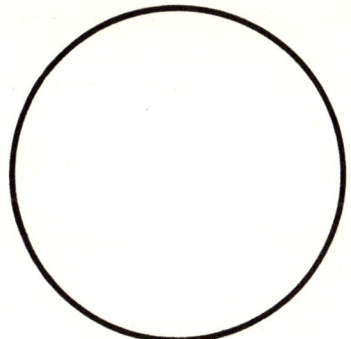

Didaktisches: Sehr ruhig bewegen; auch die Übergänge von einer Zeile zur anderen fließend und sanft gestalten. Die Haltung der Unterarme muß vorher genau geübt werden.

Bedeutung: Das Schreiten in langsamem und schnellerem Tempo soll das Gehen durch den Dornwald ausdrücken. Die überkreuzten Unterarme deuten auf die Dornenkrone hin.

Weihnachtstänze

In einem krippfly lag ein kind

Quelle: *Und unser lieben Frauen;* Deutsche Harmonia Mundi
    1 C 067, 19 9979 1, 1984

Text:

Wihnaht Lied

Jn einem krippfly lag ein kind
do stünd ein esel und ein rind
Do by waz ouch die maget clar
maria die daz kind gebar
Jhesus der herre min

Do singent im der engel kor
mit süsser stim gar hoch enbor
Gloria lob vnd würdikeit
sy got in hohem rich geseit
Jhesus der herre min

Diz ward den hirten schier verkunt
dar vmb so lüffend sy zestund
Gen bethleem vnd fundend do
daz edle kind vnd wurdent fro
Jhesus der herre min

Ze stund enbran eins sternen schin
daz es ward kunt den küngen drin
Jn vernem land ze orient
die koment mit ir gob gerent
Jhesus der herre min

Sy vielend nyder vff die erd
sie lobetent dem kinde werd
Gar edel myrren wirouch gold
dem kindly wurdent sy gar hold
Jhesus der herre min
der waz das kindelin

Weihnachtslied von Heinrich Laufenberg (um 1400)

120

Position: auf der Kreislinie, Gesicht zur Mitte, übliche Hand-
    fassung

Schritte: mit vier Schritten zur Kreismitte, rechts beginnt;
    kurz loslassen, um die rechte Schulter drehen; wieder
    angefaßt mit vier Schritten aus dem Kreis; kurz loslassen,
    um die linke Schulter drehen; wieder angefaßt mit vier
    Schritten in den Kreis und so weiter.

Vorspiel: instrumental

Tanzform:

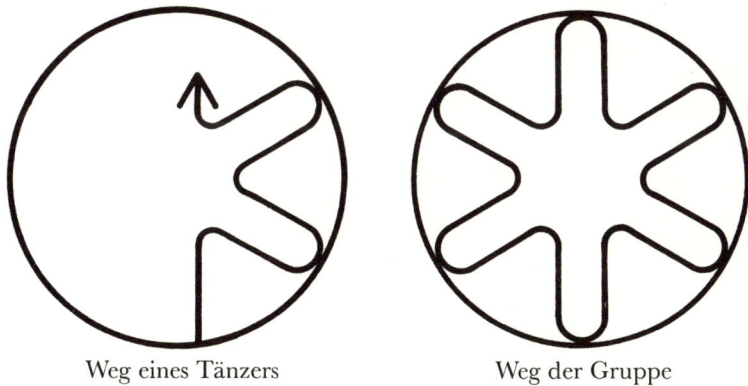

Weg eines Tänzers   Weg der Gruppe

Didaktisches: Nur beim vierten Schritt loslassen, sonst ange-
    faßt gehen. Darauf achten, daß innen die rechte Schul-
    ter, außen die linke Schulter der Drehpunkt ist. Die
    letzte Zeile jeder Strophe »Jesus der herre min« kann
    mitgesungen werden.

In Dulci Iubilo

Quelle: *Und unser lieben Frauen;* Deutsche Harmonia Mundi
1 C 067, 19 9979 1, 1984

Text:

Jn dulci iubilo
singit vnd sit vro
aller vnser wonne
leyt in presepio
sy leuchtit vor dy sonne
matris in gremio
qui alpha est et o

O ihesu paruule
noch dir ist mir so we
trosta mir myn gemute
o puer optime
durch allir iuncfrauwen gute
princeps glorie
trahe me post te

Ubi sunt gaudia
nyndert me wen da
do dy vogelin singen
noua cantica
vnd do dy schelchen klingen
in regis curia
eya qualia

O svmma trinitas
dich solle wir loben bas
du machist mit dyner gute
vnser selen nas
yn paradises blute
wechst vns der solden gras
o quanta largitas

Position: auf der Kreislinie, Gesicht zur Mitte, übliche Handfassung

Schritte: acht Schritte gegensonnen in einem Kreis, der von der Kreislinie wie eine Spirale nach innen geht. Dazu läßt man nach dem dritten Schritt seine Partner los, um den vierten bis achten Schritt gegensonnen unangefaßt zu gehen. Auf der äußeren Kreislinie faßt man sich wieder an und tanzt acht Schritte auf der äußeren Kreislinie gemeinsam. Die Tanzrichtung ist immer gegensonnen.

Tanzform:

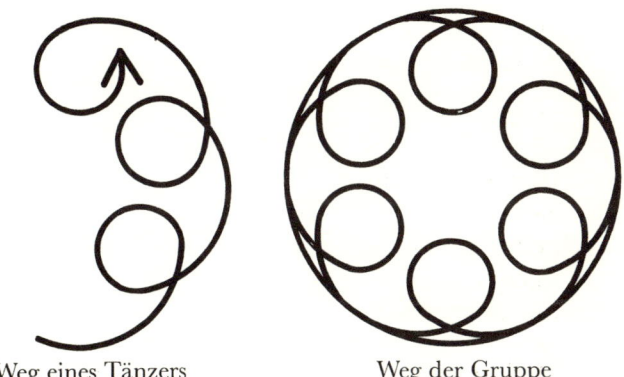

Weg eines Tänzers   Weg der Gruppe

Didaktisches: Den großen Kreis auf der äußeren Kreislinie sowie den kleinen Kreis innerhalb der Kreislinie sehr weich, aufrecht und rund gehen. Schwindlig kann man sich fühlen, wenn man nur auf den Boden schaut. Daher geradeaus oder in die Weite blicken. Dieser Tanz ist sehr froh und beschwingt. Körperfront zeigt immer zur Mitte.

Krippenlandler (Kerzentanz)

Quelle: Krippenlandler von Bartl Dessl, *Altbayrisches Adventssingen*, Electrola 1 C 054-31 798, 1976

Position: Jeder Tänzer steht für sich. Die Hälfte der Gruppe steht auf der inneren Kreislinie mit dem Gesicht nach außen, die andere Hälfte steht auf der äußeren Kreislinie mit dem Gesicht nach innen. Jeder Tänzer hält in seiner rechten Hand eine Kerze.

Schritte: Man tanzt von seinem Platz aus einen Kreis gegensonnen: fünf Schritte vor: rechts, links, rechts, links, rechts; den sechsten Schritt kreuzen: linken Fuß hinter den rechten setzen; die weiteren sechs Schritte rückwärts zum Ausgangsplatz.

Tanzform:

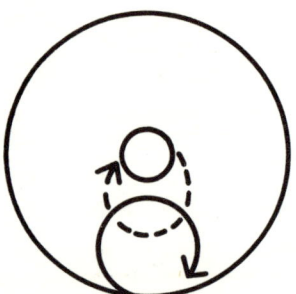

Weg eines Tänzerpaares   Weg der Gruppe

Didaktisches: Diesen »Rückenkreis« zunächst ohne Kerzen üben. Der Tanz kann wie folgt verändert werden: Die Innentänzer gehen auf ihrem Rückweg etwas schräg auf den Platz ihres linken Nachbarn. Die Außentänzer bleiben auf ihrem jeweiligen Platz. So kommt immer ein neuer Tänzer von links innen auf sie zu.
Dieser Tanz kann auch ohne Kerzen getanzt werden.

Marienhymne

Quelle: *Chants liturgiques orthodoxes Russes, Hymnes à la Vierge;* Nr. 3, SM 37, 1983 (in russisch gesungen)

Position: auf der Kreislinie, Gesicht zur Mitte; die rechte Hand wird schräg vor den Bauch des rechten Partners gehalten; die linke Hand wird über den rechten Arm des linken Partners gehalten. Dann faßt man sich an.

Schritte: *Erster Teil:* Die Beine stehen etwa in Hüftbreite. Ohne Vorspiel wiegen im Stand, nach rechts, nach links und so weiter.
Zweiter Teil: gegensonnen schreiten, rechts beginnt
Dritter Teil: vier Schritte zur Kreismitte, sehr langsam; rechts beginnt, den vierten Schritt (links) ansetzen. Dabei ebenso langsam die Arme zu einem Zelt heben. Vier Schritte aus der Kreismitte rückwärts, sehr langsam; dabei wieder die Arme senken; rechts beginnt, den vierten Schritt (links) ansetzen.

 Tanzform:

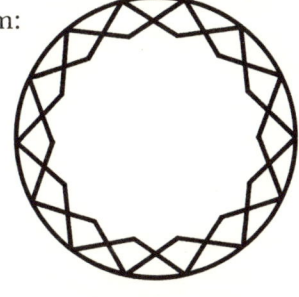

Handfassung

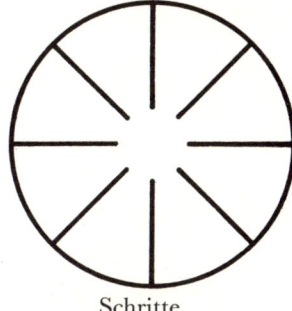

Schritte
Teile 1 bis 3

Didaktisches: Die Handhaltung zu Beginn des Tanzes üben: rechte Hand schräg nach rechts, linke Hand über den Arm des linken Partners heben. Im dritten Teil auf die sehr langsamen Schritte achten.

Bedeutung: Die Handfassung zu Beginn des Tanzes sieht aus wie ein geflochtener Weidenkorb. In der Mitte des Kreises ist Maria mit dem Kind vorzustellen. Im zweiten Teil werden sie im Prozessionsschritt umgangen. Im dritten Teil wird ihnen ein Zelt der Geborgenheit errichtet.

Weihnachtskonzert nach Torelli (Kerzentanz)

Quelle: Giuseppe Torelli (1658–1709): *Concerto a 4, in forma di Pastorale per il Santissimo Natale, op. 8 Nr. 6;* 1. Grave-Vivace: 3'45, 2. Largo: 3'40, 3. Vivace 1'48; Deutsche Grammophon 419 413 (Digital)

Position: Die Tänzer stehen, jeweils mit einer Kerze in der rechten Hand, in einer Reihe hintereinander oder auch im Kreis mit dem Gesicht zur Kreismitte, aber jeder für sich.

Schritte: *Erster Teil Grave-Vivace:* strukturiertes Schreiten im Raum. Ähnlich wie bei einer Polonaise führt der Leiter Kreis-, Schlangen- und ähnliche Formen.
Zweiter Teil Largo: Der Übergang vom ersten zum zweiten Teil ist fast unmerklich. Die Reihe oder der Kreis löst sich auf, jeder Tänzer geht für sich. Es kommt zu improvisierten Begegnungen mit anderen, wobei man eigene Kerzenhaltungen und eigene Tanzformen ausprobieren kann.
Dritter Teil Vivace: Der Übergang zu diesem Teil ist deutlich. Der Leiter hebt seine Kerze hoch zum Zeichen, daß alle Tänzer sich mit dem Gesicht zur Mitte in den Kreis stellen sollen. Auftakt; schnellerer Rhythmus als vorher; auf acht Schritte im Kreis stehen;
dann: vier Schritte zur Mitte: rechts, links, rechts, links; vier Schritte aus der Mitte: rechts, links, rechts, links; rechts vor, links an; der Körper schwingt mit; rechts zurück, links an; der Körper schwingt mit; vier Schritte gegensonnen.

Didaktisches: Den Tanz ohne Kerzen vorher kurz üben, besonders den dritten Teil. Wenn der Tanz ohne Kerzen getanzt wird, faßt man sich im dritten Teil wie üblich an.

Ich steh an Deiner Krippen hier (Kerzentanz)

Quelle: J. S. Bach: *Weihnachtsoratorium*, Kantate Nr. 6, Choral Nr. 59

Text: Ich steh' an Deiner Krippen hier,
o Jesulein, mein Leben.
Ich komme, bring und schenke dir,
was Du mir hast gegeben.
Nimm hin, es ist mein Geist und Sinn,
Herz, Seel' und Mut, nimm alles hin,
und laß Dir's wohlgefallen.

Position: auf der äußeren Kreislinie, Gesicht zur Mitte, übliche Handfassung, mit Kerzen unangefaßt.

Schritte: zur Mitte hin vier Schritte vor: rechts, links, rechts, links;
rechts zurück, links vor, rechts zurück, links vor;
zur äußeren Kreislinie vier Schritte zurück: rechts, links, rechts, links;
rechts vor, links zurück, rechts vor, links zurück;
dann auf der äußeren Kreislinie drei Schritte vor: rechts, links, rechts und links nach innen zur Mitte setzen. Dies insgesamt sechsmal. Dann rechts setzen und den Körper wieder zur Kreismitte drehen, links an. Nun kann dieselbe Strophe wieder von vorn beginnen.

Tanzform:

Didaktisches: Der Leiter tanzt vor, die Gruppe ahmt nach. Üben ist kaum notwendig.

Bedeutung: Der Gang zur Krippe. Die Anbetung wird sanft schwingend ausgedrückt.

Der Trommler (Tuchtanz)

Quelle: »The Little Drummer Boy« oder »Jonny Tambour«,
nordamerikanisch, Simeone/Onarati/Coulonges/Davis
Kommet all und singt zur Weihnacht, audite, FSM 53402
oder: *Europäische Weihnachtslieder*, sound star-ton, SST
0190, 1986
oder: *Zauber der Weihnacht*, Zamfir, Phonogram GmbH
Hamburg, Nr. 822571 – 1, 1984

Text: Original
Come they told me
a new boy king to see.
Our finest gifts we bring
today before the king,
so to honor him

when we come.

Baby Jesus
I am a poor boy too
I have no gift to bring
that's me to give for him.
Shall I play for you
on my drum?

Übersetzung
Es wurde mir erzählt, hör nur,
ein neues Königskind sei zu sehen.
Unsre schönsten Geschenke bringen wir
heute vor den König,
um ihn zu ehren,

wenn wir kommen.

Baby Jesus
Ich bin auch ein armer Junge.
Ich habe kein Geschenk für dich.
Nichts gehört mir, was ich dir bringen könnte.
Soll ich für dich
auf meiner Trommel spielen?

Position: auf der Kreislinie, Gesicht zur Mitte; die Tänzer
    stehen einzeln, und jeder hat sich ein Tuch an jedes
    Handgelenk gebunden.

Schritte: links zurück, rechts vor, links zurück,
    rechts vor ↓ ↑ ↓ ↑;
    links seit, rechts seit, links seit, rechts seit ← → ← →;
    dabei Körper und Arme locker mitschwingen lassen, erst
    vor und zurück, dann nach links und rechts.

Vorspiel: vier Töne am Anfang

Tanzform:

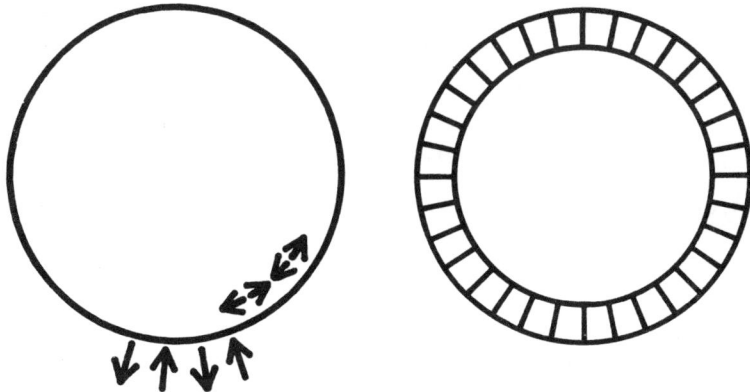

Weg eines Tänzers   Weg der Gruppe

Didaktisches: Es ist interessant, das Lied in drei verschiedenen
    Versionen aufzunehmen und im Tanz den unterschied-
    lichen musikalischen und textlichen Interpretationen zu
    folgen.

129

Passionstänze

In meines Herzens Grunde (siehe auch Seite 64)

Quelle: Choral Nr. 52 aus der *Johannespassion* von J. S. Bach

Text: In meines Herzens Grunde
Dein Nam' und Kreuz allein
Funkelt all Zeit und Stunde,
Drauf kann ich fröhlich sein.
Erschein mir in dem Bilde
Zu Trost in meiner Not,
Wie du, Herr Christ, so milde
Dich hast geblut 't zu Tod.

Position: auf der Kreislinie, Gesicht zur Mitte, übliche Handfassung

Schritte: rechts vor, links vor, rechts vor, links vor und
rechts schräg nach rechts vor, links am Platz und
rechts schräg nach links vor, links am Platz;
rechts zurück, links zurück, rechts zurück, links zurück und
rechts schräg nach rechts vor, links am Platz und
rechts schräg nach links vor, links am Platz.

Vorspiel: ein Schritt

Tanzform:

 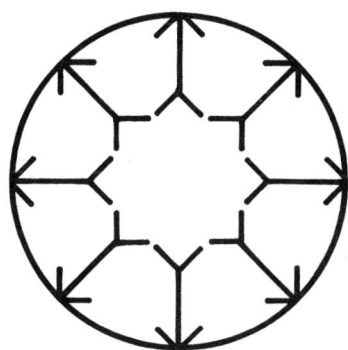

Weg eines Tänzers   Weg der Gruppe

Didaktisches: Der Schritt sollte das ganze Lied hindurch bei-
behalten werden, damit genügend Aufmerksamkeit und
Gleichmaß entsteht. Dieser Schritt kann auch in der
Reihe getanzt werden.

In einer Kleingruppe (6 bis 8 Teilnehmer) beginnt man
unangefaßt und faßt sich in der Kreismitte beim Schräg-
schritt an.

131

Prozession mit Chorälen aus der Johannespassion

Quelle: alle Choräle aus der *Johannespassion* von J.S. Bach in
der Reihenfolge des Musikwerks (siehe Seite 133ff).

Position: auf der Kreislinie, übliche Handfassung, gegensonnen

Schritte: drei Schritte vor: rechts, links, rechts;
einen Schritt zurück: links;
rechts seit, links setzt, rechts seit, links setzt

Tanzform:

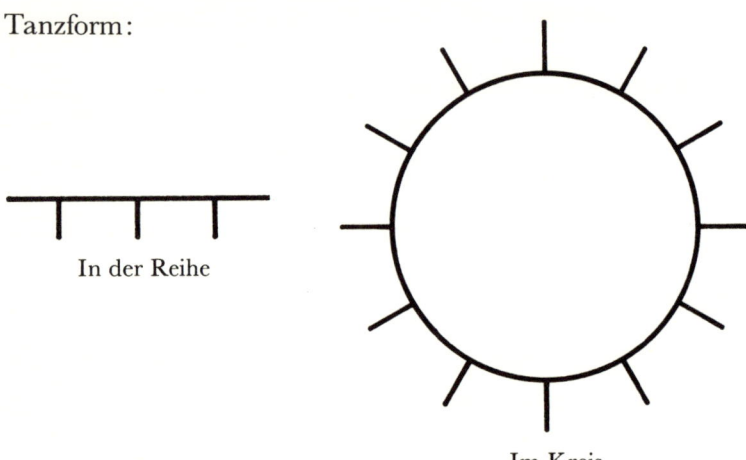

In der Reihe

Im Kreis

Didaktisches: Dieser Prozessionsschritt kann sowohl auf der
Kreislinie als auch in Reihen oder in der Spirale gegangen werden. Der ganze Ablauf dauert etwa 18 Minuten.
Den Ausklang jeder letzten Strophenzeile einfach im selben Rhythmus vorwärts gehen. Zu jeder ersten Zeile
eines neuen Chorals mit dem geregelten Prozessionsschritt beginnen.
Die Schrittfolge tendiert langsam vorwärts, mit Verzögerung und etwas auf der Stelle pendeln.

Texte der Choräle aus der Johannespassion

Choral Nr. 7
O große Lieb', o Lieb' ohn' alle Maße,
Die dich gebracht auf diese Marterstraße!
Ich lebte mit der Welt in Lust und Freuden,
Und du mußt leiden!

Choral Nr. 9
Dein Will' gescheh', Herr Gott, zugleich
Auf Erden wie im Himmelreich;
Gib uns Geduld in Leidenszeit,
Gehorsam sein in Lieb' und Leid,
Wehr' und steur' allem Fleisch und Blut,
Das wider deinen Willen tut.

Choral Nr. 15
Wer hat dich so geschlagen,
Mein Heil, und dich mit Plagen
So übel zugericht't?
Du bist ja nicht ein Sünder,
Wie wir und unsre Kinder,
Von Missetaten weißt du nicht.
Ich, ich und meine Sünden,
Die sich wie Körnlein finden
Des Sandes an dem Meer,
Die haben dir erreget
Das Elend, das dich schläget,
Und das betrübte Marterheer.

Choral Nr. 20
Petrus, der nicht denkt zurück,
Seinen Gott verneinet,
Der doch auf ein'n ernsten Blick
Bitterlichen weinet:
Jesu, blicke mich auch an,
Wenn ich nicht will büßen;
Wenn ich Böses hab' getan,
Rühre mein Gewissen.

Choral Nr. 21
Christus, der uns selig macht,
Kein Bös's hat begangen,
Der ward für uns in der Nacht
Als ein Dieb gefangen,
Geführt vor gottlose Leut'
Und fälschlich verklaget,
Verlacht, verhöhnt und verspeit,
Wie denn die Schrift saget.

Choral Nr. 27
Ach, großer König, groß zu allen Zeiten,
Wie kann ich g'nugsam diese Treu' ausbreiten?
Kein's Menschen Herze mag indes ausdenken,
Was dir zu schenken.
Ich kann's mit meinen Sinnen nicht erreichen,
Womit doch dein Erbarmen zu vergleichen.
Wie kann ich dir denn deine Liebestaten
Im Werk erstatten?

Choral Nr. 40
Durch dein Gefängnis, Gottes Sohn,
Ist uns die Freiheit kommen,
Dein Kerker ist der Gnadenthron,
Die Freistatt aller Frommen;
Denn gingst du nicht die Knechtschaft ein,
Müßt' unsre Knechtschaft ewig sein.

Choral Nr. 52
In meines Herzens Grunde,
Dein Nam' und Kreuz allein
Funkelt all Zeit und Stunde,
Drauf kann ich fröhlich sein.
Erschein mir in dem Bilde
Zu Trost in meiner Not,
Wie du, Herr Christ, so milde
Dich hast geblut't zu Tod.

Choral Nr. 56
Er nahm alles wohl in acht
In der letzten Stunde,
Seine Mutter noch bedacht',
Setzt ihr ein'n Vormunde.
O Mensch, mache Richtigkeit,
Gott und Menschen liebe,
Stirb darauf ohn' alles Leid,
Und dich nicht betrübe!

Choral Nr. 65
O hilf, Christe, Gottes Sohn,
Durch dein bittres Leiden,
Daß wir dir stets untertan
All' Untugend meiden;
Deinen Tod und sein' Ursach'
Fruchtbarlich bedenken,
Dafür, wiewohl arm und schwach,
Dir Dankopfer schenken.

Choral Nr. 68
Ach Herr, laß dein' lieb' Engelein
Am letzten End' die Seele mein
In Abrahams Schoß tragen;
Den Leib in sein'm Schlafkämmerlein
Gar sanft, ohn' ein'ge Qual und Pein,
Ruhn bis am Jüngsten Tage!
Alsdann vom Tod erwecke mich,
Daß meine Augen sehen dich
In aller Freud', o Gottes Sohn,
Mein Heiland und Genadenthron!
Herr Jesu Christ, erhöre mich,
Ich will dich preisen ewiglich!

Stabat Mater (Tuchtanz)

Quelle: Fac me vere tecum flere – Andante con moto aus dem *Stabat Mater* von Antonin Dvorak. Originalaufnahme Supraphon Prag 302187 – 435, Ariola-Eurodisc GmbH, Seite 3, mittleres Stück, 1983.

Position: Die Tänzer stehen sich unangefaßt im Kreuz gegenüber,

entweder zu viert: ✝ ✝
                    ✝ ✝

oder im Kreuz in Reihen: xxx×xxx

Schritte: rechts vor, links vor, rechts seit, links seit ↑
rechts zurück, links zurück, rechts seit, links seit ↓

↑ → ←

↓ → ←

Tanzform:

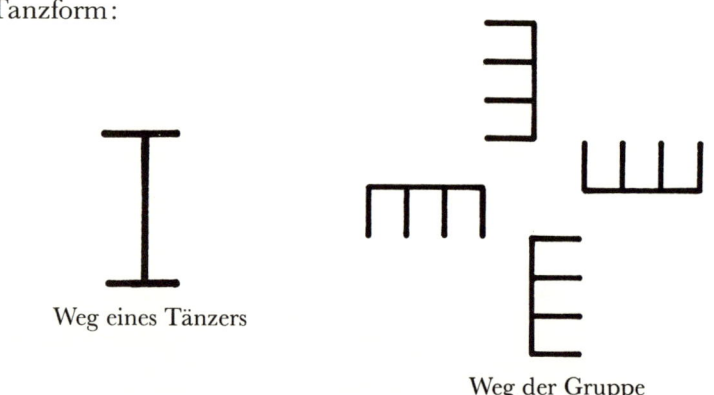

Weg eines Tänzers

Weg der Gruppe

Didaktisches: Zunächst üben die Tänzer den Schritt mit üblicher Handfassung auf der Kreislinie. Danach stellen sie sich im Viererkreuz zu vier oder in Reihen auf. Wenn man Gebärden einbeziehen möchte, können sich die Tänzer beim vordersten Schritt im Kreuz entweder die Hände oder ein Tuch vors Gesicht halten, zum Zeichen der Trauer.

136

Bedeutung: Das *Stabat Mater,* die lateinische Sequenz vom Feste der Schmerzensmutter Maria, geht auf die Dichtung des italienischen Franziskanermönchs Jacopone da Todi (13. Jahrhundert) zurück. Thema dieser Dichtung sind die Leiden der Mutter Jesu, die, unter dem Kreuz stehend, den Tod ihres Sohnes miterleben muß.

Dvoraks elfmonatige Tochter starb an Vergiftung, und kurze Zeit später starb auch der älteste Sohn Dvoraks an Windpocken. Unter dem Eindruck dieses Verlustes und der Trauer vollendete er sein *Stabat Mater,* das er wenige Monate vorher begonnen hatte. Die Kreuzform, in der getanzt wird, soll das Kruzifix und die Trauer betonen. Im Text unserer Musik taucht immer wieder das *crucifixum* auf.

Miserere (Kerzentanz)

Quelle: *Miserere*, Gregorio Allegri (1582–1652), Polydor, Nr. 415517, 1986

Text: siehe Seite 139

Position: Die Tänzer stehen mit einer Kerze in der Hand unangefaßt auf der äußeren Kreislinie.

Schritte: mit zwölf Schritten gegensonnen auf der Kreislinie; mit vier Schritten in den Kreis; stehenbleiben; unaufgefordert tritt ein Tänzer aus dem Kreis in die Mitte, löscht seine Kerze und legt sie dort auf einem Untergrund, zum Beispiel Folie, ab und tritt wieder in den Kreis zurück; dann gehen alle mit vier Schritten rückwärts aus dem Kreis. Dies tun nacheinander alle Tänzer.

Tanzform:

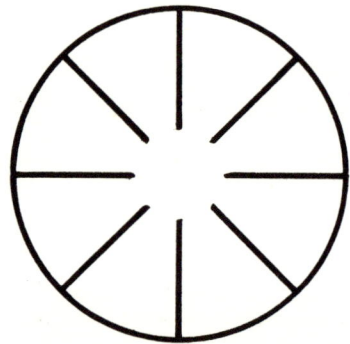

Didaktisches: Vor Tanzbeginn die Regel genau ansagen. Es geht darum, daß vor jedem neuen Tanzabschnitt ein Tänzer von der inneren Kreislinie in die Mitte tritt und seine Kerze löscht. Insgesamt reicht das Musikstück für etwa 22 Tänzer. Sollten mehr Tänzer in der Gruppe sein, wird der Tanz schweigend bis zum Ende ausgeführt, so lange, bis nur noch eine große Kerze auf dem Boden in der Kreismitte brennt. Von den Tänzern wird soviel Einfühlungsvermögen verlangt, daß tatsächlich immer nur einer zum Löschen seiner Kerze in die Mitte tritt.

Bedeutung: Dieses Miserere wurde früher innerhalb der Zeremonien während der Karwoche in der Sixtinischen Kapelle aufgeführt. Bestimmte Riten wurden von den Päpsten über Generationen weitergegeben. Mozart schrieb das Werk aus dem Gedächtnis ab, da zu seiner Zeit für das Miserere Abschreibeverbot bestand. Ein Reisender schrieb:»Es sind Klagelaute, die den Chor zerreißen« (1775). Auch Goethe und Mendelssohn hörten dieses Werk. Mendelssohn schrieb darüber unter anderem:»...Bei jedem Psalmverse wird eine Kerze ausgelöscht... die letzten Kerzen gehen dann aus; der Papst verläßt seinen Thron, wirft sich vor dem Altar auf die Knie, und Alle mit ihm...« (Brief vom 16.6.1831).

Text (der Plattenhülle entnommen)

Miserere mei, Deus, secundum magnam misericordiam tuam.

Et secundum multitudinem miserationum tuarum, dele iniquitatem meam.

Amplius lava me ab iniquitate mea, et a peccato meo munda me.

Quoniam iniquitatem meam ego cognosco; et peccatum meum contra me est semper.

Tibi soli peccavi, et malum coram te feci, ut justificeris in sermonibus tuis et vincas cum judicaris.

Ecce enim in iniquitatibus conceptus sum; et in peccatis concepit me mater mea.

Ecce enim veritatem dilexisti, incerta et occulta sapientiae tuae manifestasti mihi.

Asperges me hyssopo et mundabor; lavabis me et super nivem dealbabor.

Auditui meo dabis gaudium et laetitiam et exultabunt ossa humiliata.

Averte faciem tuam a peccatis meis; et omnes iniquitates meas dele.

Cor mundum crea in me, Deus, et spiritum rectum innova in visceribus meis.

Ne projicias me a facie tua; et spiritum sanctum tuum ne auferas a me.

Redde mihi laetitiam salutaris tui, et spiritu principali confirma me.

Docebo iniquos vias tuas; et impii ad te convertentur.

Libera me de sanguinibus, Deus salutis meae, et exultabit lingua mea justitiam tuam.

Domine labia mea aperies; et os meum annuntiabit laudem tuam.

Quoniam si voluisses sacrificium, dedissem utique; holocaustis non delectaberis.

Sacrificium Deo spiritus contribulatus; cor contritum et humiliatum Deus non despicies.

Benigne fac, Domine, in bona voluntate tua Sion, ut aedificentur muri Jerusalem.

Tunc acceptabis sacrificium justitiae, oblationes et holocausta.

Tunc imponent super altare tuum vitulos. *Ps. (50) 51*

Sei gnadenvoll mir, o Gott, nach deiner Huld.

In deiner Barmherzigkeit Fülle lösche aus meine Frevel!

Wasche mich völlig rein von meiner Verschuldung, und reinige mich von meinem Fehltritt!

Ja, meine Frevel erkenne ich wohl, meine Sünde steht mir ständig vor Augen.

Gegen dich allein verfehlte ich mich und tat, was deinen Augen mißfällt, so daß du mit deinem Worte im Rechte bist und in deinem Urteilsspruch ohne Anstoß.

Fürwahr, ich bin geboren in Schuld, meine Mutter empfing mich in Sünde.

Ja, Aufrichtigkeit gefällt dir wohl, im Verborgenen lehrst du mich Weisheit.

Schaffe mir Sühne mit Ysop, auf daß ich rein sei, wasche mich, daß ich weißer werde als Schnee!

Laß mich hören von Freude und Frohsinn, jubeln sollen die Glieder, die zu zerschlugst!

Verhülle vor meinen Sünden dein Antlitz, und tilge all meine Verschuldung aus!

Ein gereinigtes Herz erschaffe mir, Gott, verleihe mir neuen
gefestigten Geist.
Von deinem Antlitz verstoße mich nicht, deinen heiligen Geist
nimm nicht von mir fort.
Erfreue mich wiederum mit deinem Heil, und willigen Geist
verleih' mir als Stütze!
Dann lehre ich die Abtrünnigen deine Wege, die Missetäter
bekehren sich zu dir.
Von Bluttat halte mich frei, Gott meines Heils, meine Zunge
soll preisen deine Gerechtigkeit!
Herr, die Lippen sollst du mir auftun, daß mein Mund er-
zähle dein Lob.
Denn Schlachtopfer können dir nicht gefallen; brächte ich
Brandopfer dar, so hättest du daran keine Lust!
Rechte Opfer sind ein gebrochener Geist, ein zerknirschtes
und zerschlagenes Herz, o Gott, du verachtest sie nicht!
In deiner Huld tue Gutes an Zion, errichte wieder die
Mauern Jerusalems!
Alsdann gefallen dir rechtmäßige Opfer.
Dann bringt man Farren dar auf deinem Altar. *Ps. (50) 51*

Bach-Wege

Quelle: Daniel Kobialka und Andy Kulberg arrangieren zwei Werke von J.S. Bach:»Wachet auf, ruft uns die Stimme«, Schübler-Choral, BWV 645;»Schafe können sicher weiden«, Kantate Nr. 208, Arie Nr. 9 *Daniel Kobialka, Volume 1, celebrating Bach* DK 109, Li-Sem Enterprises, Inc., 1775 Old County Road 9, Belmont, CA 94002, 1985.

Position: auf der Kreislinie, Gesicht zur Mitte, übliche Handfassung

Schritte: mit vier Schritten in sanftem
Linksbogen zur Mitte: ↗
rechts, links, rechts, links;
rechts einen Schritt zurück, links an; ↓
rechts einen Schritt vor, links an; ↑
mit einer kleinen Körperwendung rechts einen Schritt zurück, links an; ↓
rechts einen Schritt vor, links an; ↑
mit vier Schritten in sanftem Rechtsbogen aus dem Kreis: rechts, links, rechts, links; ↩
vier Schritte auf der Kreislinie gegensonnen: rechts, links, rechts, links; ↗
vier Schritte in kleinem Bogen mitsonnen: rechts, links, rechts, links; ↩
zwei kleine Schritte am Platz und auf dem rechten Fuß den Körper etwas anheben: rechts, links;
vier Schritte in kleinem Bogen gegensonnen: rechts, links, rechts, links; ↺
zwei kleine Schritte am Platz und auf dem rechten Fuß den Körper etwas anheben: rechts, links.

Vorspiel: einige Takte, bis sich die Tänzer in die Melodie eingehört und an den Takt gewöhnt haben.

Tanzform:

Weg eines Tänzers

Weg der Gruppe

Didaktisches: Dieser Tanz eignet sich eher für Fortgeschrittene. Er wird in drei Teilen eingeübt: die Blütenform zur Kreismitte; die vier Schritte gegensonnen anhängen; das Unendlichkeitszeichen je Viererbogen und zwei kleine Hebeschritte am Platz.

Bedeutung: Durch die Blütenform, den Kreis und das Unendlichkeitszeichen soll das ewig Gültige der Musik von J.S. Bach dargestellt werden.

143

O Haupt voll Blut und Wunden

Quelle: *Passion – Ostern*, SDG 610327, Kassel

Text: O Haupt voll Blut und Wunden, voll Schmerz und
voller Hohn; o Haupt, zum Spott gebunden mit einer
Dornenkron; o Haupt sonst schön gezieret mit höchster
Ehr und Zier, jetzt aber hoch schimpfieret: gegrüßest
seist du mir!
Wenn ich einmal soll scheiden, so scheide nicht von mir,
wenn ich den Tod soll leiden, so tritt du dann herfür,
wenn mir am allerbängsten wird um das Herze sein, so
reiß mich aus den Ängsten kraft deiner Angst und Pein.

Position: auf der Kreislinie, übliche Handfassung, Gesicht zur
Mitte

Schritte: mit vier langsamen Schritten im rechten Bogen zur
Kreismitte;
vier Schritte gegensonnen auf der inneren Kreislinie;
mit vier Schritten im selben Bogen zurück auf die äußere
Kreislinie;
vier Schritte gegensonnen auf der äußeren Kreislinie.

Vorspiel: »O« (ein Ton!)

Tanzform:

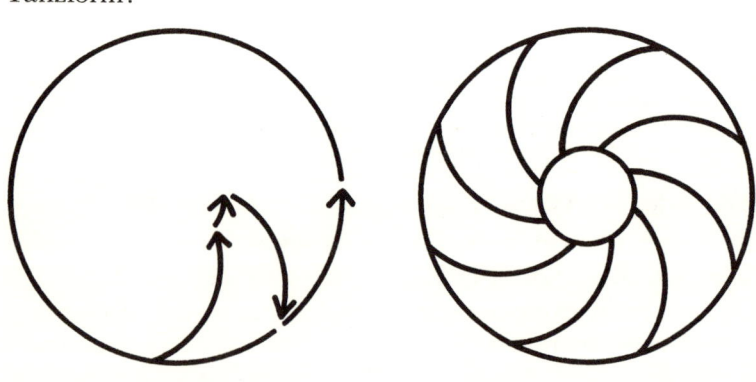

Weg eines Tänzers   Weg der Gruppe

Didaktisches: Es wird sehr langsam geschritten.

144

Ostertänze

Ostergesang im Mönchsschritt

Quelle: *Christ ist erstanden,* Christophorus-Verlag, Freiburg, Nr. SCGLX 74028, Seite A, erstes und zweites Stück: »Salve, festa dies« und »Victimae paschali laudes«

Position: Die Tänzer stehen in der Reihe oder im Kreis hintereinander, und jeder hält ein Blatt mit den beiden lateinischen Texten und ihren deutschen Übersetzungen in der Hand (Textbeilage in der Schallplatte).

Schritt: rechten Fuß vorsetzen, linken ansetzen; zum »Halleluja« am Schluß wenden sich alle Tänzer mit dem Gesicht zur Kreismitte.

Didaktisches: Das Gehen und gleichzeitige Lesen wird kurz geübt.

Bedeutung: Dieser Mönchsschritt ist einer der ältesten Schritte, die benutzt wurden, wenn man im Gehen lesen und beten wollte.

Salve, festa dies

Salve, festa dies,
toto venerabilis aevo,
qua deus infernum
vicit et astra tenet.
Ecce, renascentis testatur gratia mundi
Omnia cum Domino dona redisse suo.
Namque triumphanti post tristia tartara Christo
Undique fronde nemus, gramina flore favent.

Qui crucifixus erat, Deus, ecce, per omnia regnat,
Dantque creatori cuncta creata precem.
Christe, salus rerum, bone conditor atque redemptor,
Unica progenies ex deitate patris.

145

(Venantius Fortunatus, um 535 – nach 600. Melodie: Prozessionar aus St. Zeno bei Reichenhall, 14. Jahrhundert)

Sei gegrüßt, du Festtag, verehrungswürdig für immer!
Gott hat die Hölle besiegt, Himmel sein Eigentum ist.
Sieh, es bezeugt der Dank der wiedergeborenen Erde:
Mit ihrem Herrn zugleich kehrn alle Gaben zurück.
Denn es huldigen Christus, nach finsterer Höllenfahrt siegreich,
Aller Wald mit dem Laub und mit den Blüten das Gras.

Gott, der gekreuzigt war, regiert und herrscht über alles,
Alle Geschöpfe weihn ihrem Schöpfer Gebet.
Christus, du Heil der Welt, du guter Gründer, Erlöser,
Eingeborener Sohn aus der Gottheit des Vaters!

Quelle: *Christ ist erstanden*, Christophorus-Verlag, Nr. SCGLX
74028 (Textbeilage in der Schallplatte)

Victimae paschali laudes

Victimae paschali laudes
Immolent Christiani.

Agnus redemit oves:
Christus innocens Patri
Reconciliavit peccatores.
Mors et vita duello
Conflixere mirando:
Dux vitae mortuus, regnat vivus.

Dic nobis, Maria,
Quid vidisti in via?
Sepulcrum Christi viventis,
Et gloriam vidi resurgentis.
Angelicos testes,
Sudarium et vestes.
Surrexit Christus spes mea,
Praecedet suos in Galilaeam.

146

Scimus Christum surrexisse
A mortuis vere:
Tu nobis victor Rex,
Miserere.
Amen. Alleluja.
(Wipo von Burgund, vor 1050/Melodie 11. Jahrhundert)
Singt das Lob dem Osterlamme, bringt es ihm dar, ihr Christen.
Das Lamm erlöst' die Schafe: Christus, der ohne Schuld war,
versöhnte die Sünder mit dem Vater.
Tod und Leben, die kämpften unbegreiflichen Zweikampf;
des Lebens Fürst, der starb, herrscht nun lebend.
Maria Magdalena, sag uns, was du gesehen.
Das Grab des Herrn sah ich offen
Und Christus von Gottes Glanz umflossen, sah Engel in dem
Grabe,
die Binden und das Linnen.
Er lebt, der Herr, meine Hoffnung,
Er geht euch voran nach Galiläa.
Wir wissen: Christus ist auferstanden, ist wahrhaft erstanden.
Du Sieger, König, hab Erbarmen. Amen. Halleluja.

Quelle: *Christ ist erstanden*, Christophorus-Verlag Nr. SCGLX
74028 (Textbeilage in der Schallplatte)

Christe, Du Lamm Gottes

Quelle: *Passion – Ostern, Choräle und Chorsätze* »Christe, Du Lamm Gottes«, Kantate für vierstimmigen gemischten Chor und kleines Orchester von Felix Mendelssohn Bartholdy, Stauda Verlag, SDG 610327

Text: Christe, Du Lamm Gottes,
der Du trägst die Sünde der Welt,
erbarm Dich unser *(zweimal)*.
Christe, Du Lamm Gottes,
der Du trägst die Sünde der Welt,
gib uns Deinen Frieden.

Position: Gesicht zur Mitte, übliche Handfassung, auf der Kreislinie.

Schritte: vier Schritte gegensonnen: rechts, links, rechts, links; einen Schritt zurück: rechts;
links seit, rechts setzt am Platz, links an.

Vorspiel: acht Schritte

Tanzform:

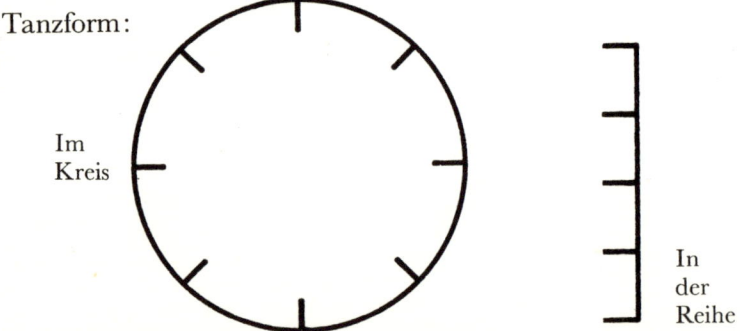

Im Kreis

In der Reihe

Didaktisches: Diese Kantate besteht aus drei Teilen. Der mittlere Teil ist etwas schneller. Alle drei Teile werden auf dieselbe Weise getanzt, als Kreistanz oder auch in der Reihe.

Bedeutung: Durch den Schritt zurück und den linken Seitschritt kommt etwas Verhaltenes, Wiegendes in den Tanz, das die Bitte um Erbarmen ausdrücken soll.

Kyrie I und Gloria I

Quelle: *Die heilige Woche auf dem Montserrat*, Kyrie I und Gloria I, Lux et Origo aus dem Pontifikalamt des Auferstehungssonntages. Alte Melodie aus der ersten Choralmesse. Live-Aufnahme von 1963/64, Ariola-Eurodisc GmbH, Nr. 89595 XFK, (8. Platte, 2. und 3. Stück)

Position: Gesicht zur Mitte, übliche Handfassung

Schritte: auf der Kreislinie gegensonnen fünf Schritte: rechts, links, rechts, links, rechts und dann
in einem kleinen Bogen in den Kreis hinein mit drei Schritten: links, rechts, links, wobei der zweite Schritt (links) hinter dem rechten kreuzt:

Tanzform:

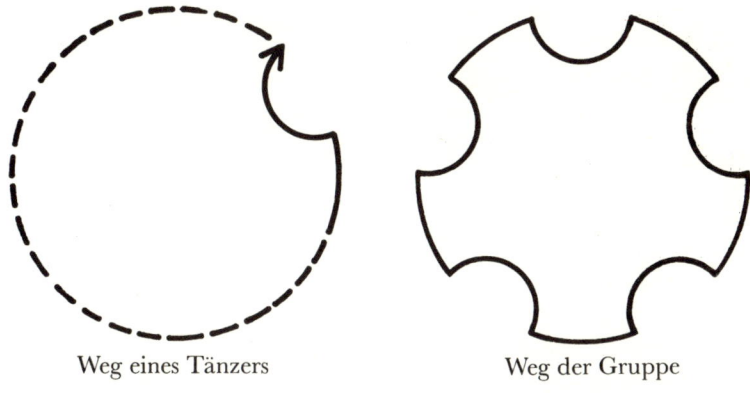

Weg eines Tänzers   Weg der Gruppe

Didaktisches: kurzes Antanzen, kein langes Üben nötig; als Teil der Messe lädt der Tanz zum Mitmachen ein. Man schwingt sich dadurch in den Gottesdienst ein.

149

Maria Magdalena

Quelle: »Nicht ruhen Magdalena kunnt«, *Christ ist erstanden*,
  Christophorus-Verlag, Freiburg, SCGLX 74028

Text:

Nicht ruhen Magdalena kunnt

Nicht ruhen Magdalena kunnt,
bis sie den Herren Jesum fund,
sie lief zum Grab und von dem Grab
viel hin und her, viel auf und ab.

Als sie sich bückt zum Grab hinein,
zwei Engel sah sie mit großem Schein.
Die Engel fröhlich fragten beid:
wen sie beweint mit solchem Leid.

Zugleich kam Jesus auch herzu,
fragt auch warum sie weinen tu.
Sie sah ihn an und weinet sehr,
vermeint, daß er ein Gärtner wär.

»Ach, ach«, sprach sie, »wer du auch bist,
hinweg mein Herr genommen ist.
Ach, wo hast du ihn hingetan?
Daß ich ihn nehme, zeig's mir an!«

Der Herr sie bald mit Namen nennt,
darauf geschwind sie ihn erkennt,
der Herr ließ sich mit Freuden sehn
und hieß sie zu den Jüngern gehn.

Also verschwand all Weh und Schmerz,
ward fröhlich das betrübte Herz.
Halleluja, Halleluja,
Halleluja, Halleluja!

Position: auf der Kreislinie, Gesicht zur Mitte, übliche Handfassung

Schritte: erste Zeile: vier Schritte gegensonnen: rechts, links,
  rechts, links;

zweite Zeile: zwei Schritte in den Kreis: rechts, links, und
zwei Schritte aus dem Kreis: rechts, links;
dritte Zeile: vier Schritte mitsonnen um die eigene
Achse: rechts, links, rechts, links;
vierte Zeile: wippen nach rechts, links, rechts, links und
dabei die Unterarme nach oben winkeln

Auftakt: ein Schritt

Tanzform:

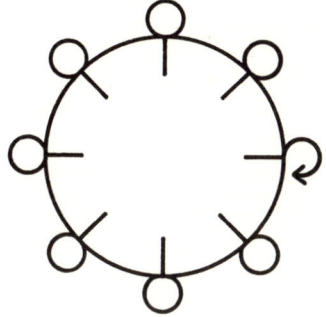

Bedeutung: In diesem Tanz umkreist Maria Magdalena das
Grab (die Kreismitte). Sie geht auf die Mitte zu, von ihr
weg, geht hinaus und teilt ihre Erfahrung den anderen
mit.
Maria Magdalena wird auch »Maria aus Magdala« genannt. Der Legende nach war sie »aus königlichem Ge-
schlecht, edel, rein und minniglich, trug ihr Gemüt
hoch« (Keller 1979[4], 361f.). Die Burg Magdala soll ihr
Besitz gewesen sein. Nach Lukas 7,36ff und Johannes
12,3 hat Jesus Maria Magdalena sechs Tage vor Ostern
im Hause Simons des Aussätzigen erlebt. Dort hat sie mit
ihren Tränen die Füße Jesu gewaschen und dann mit
ihrem Haar getrocknet und gesalbt.
Maria Magdalena gehörte zur Jüngerschaft Jesu. Sie ist
eine der ersten, denen der Auferstandene am leeren Grab
erscheint. Noch darf sie den »fremden Gärtner«, Jesus,
aber nicht berühren. Eine Legende besagt, daß Maria
Magdalena eine Sünderin war, der sieben Teufel ausge-
trieben wurden. Legendär ist auch ihre Fahrt übers
Meer nach Marseille. In Aix wird sie bestattet, wo später
ihre Gebeine wiedergefunden und von Karl dem Großen
nach Vézelay gebracht werden (Keller 1979[4]).

Magdalena

Quelle: »Magdalena« von Johannes Brahms (1833–1897), vierstimmiger Chor a capella; *Christ ist erstanden*, Christophorus-Verlag, Freiburg, SCGLX 74028

Position: auf der Kreislinie, übliche Handfassung, Gesicht zur Mitte

Schritte: acht Schritte gegensonnen auf der Kreislinie: rechts, links, rechts, links, rechts, links, rechts, links;
einmal rechts vor, links an mit dem Gesicht zur Kreismitte;
mit der linken Schulter nach innen vier Seitschritte;
zur Mitte, wobei die rechte Hand auf der Schulter des Vordermannes liegt: links seit, rechts an; links seit, rechts an;
links seit, rechts an; links seit, rechts an;
in der Mitte etwas warten, dann vier Seitschritte aus dem Kreis hinaus: rechts seit, links an; rechts seit, links an; rechts seit, links an; rechts seit, links an;
wieder übliche Handfassung und acht Schritte gegensonnen.

Vorspiel: eine Strophe zum Einhören; bei den weiteren Tänzen kein Vorspiel mehr.

Tanzform:

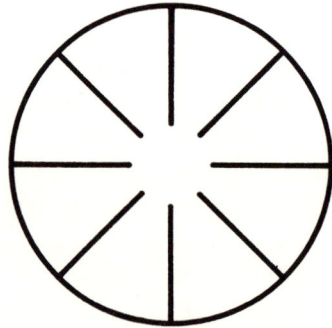

Bedeutung: Das Umkreisen des Grabes soll ausgedrückt werden. Der Seitschritt zur Mitte und die Berührung des Vordermannes an der Schulter soll Trauer ausdrücken.

Christus ressurrexit

Quelle: *Resurrexit,* OV-TZ 408, Seite A, Anfang (Taizé-Kassette) 1984

Position: Innenkreis, Gesicht zur Mitte, übliche Handfassung (mindestens drei Tänzer);
Außenkreis, Gesicht zur Mitte, übliche Handfassung (mindestens sechs Tänzer);

Schritte:
Innenkreis: rechts seit, links an, rechts seit (langsam); links seit, rechts an, links seit (langsam); bei »Halleluja« oder »Christus resurrexit« werden die Arme gehoben.
Außenkreis: vier Schritte: gegensonnen: rechts, links, rechts, links; rechts vor, links auf äußere Kreislinie: rechts zurück (über Kreislinie), links auf äußere Kreislinie.

Vorspiel: vier Schritte (»Halleluja«)

Tanzform:

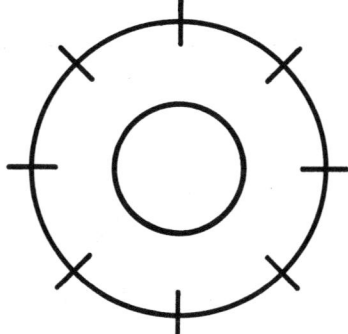

Didaktisches: Der Tanz ist leicht zu lernen. Alle lernen zunächst die Schrittfolge des Innenkreises, dann die des Außenkreises. Danach gehen einige Tänzer nach innen. Innen sind weniger Tänzer als außen. Für Kleingruppen (bis zehn Tänzer) und Großgruppen geeignet. Großgruppen kann man auch in drei oder vier ineinanderliegenden Kreisen anordnen.

153

Ode an die Freude

Quelle: Daniel Kobialka und Andy Kulberg arrangieren die Ode an die Freude und andere Themen aus der neunten Sinfonie von Beethoven – *Sun Space*, Daniel Kobialka, DK 105, Li Sem Enterprises, 1775 Old County Road 9, Belmont, 1983

Position: auf der Kreislinie, Gesicht zur Mitte, übliche Handfassung

Schritte: *Erster Teil:* rechts vor, links vor, rechts zurück, links an (viermal bis zur Kreismitte).
Zweiter Teil: mit vier Schritten aus der Kreismitte, wobei die Arme mit nach hinten schwingen: rechts, links, rechts, links;
dreimal: rechts zurück, links an, rechts vor, links an, wobei die Arme mitschwingen.
Das »Zurück« geht über die äußere Kreislinie hinaus, das »Vor« geht auf die äußere Kreislinie.
Dritter Teil: vier Schritte gegensonnen: rechts, links, rechts, links;
dreimal: rechts vor, links an, rechts zurück, links an, wobei die Arme geweitet werden und mitschwingen.
Diesmal geht das »Vor« einen Schritt von der äußeren Kreislinie aus in den Kreis, und das »Zurück« geht auf die äußere Kreislinie.
Wieder von vorn.

Vorspiel: mehrere Takte schwingend am Platz, bis das Beethoven-Thema beginnt.

Tanzform: 1. Teil   2. Teil   3. Teil

Weg eines Tänzers

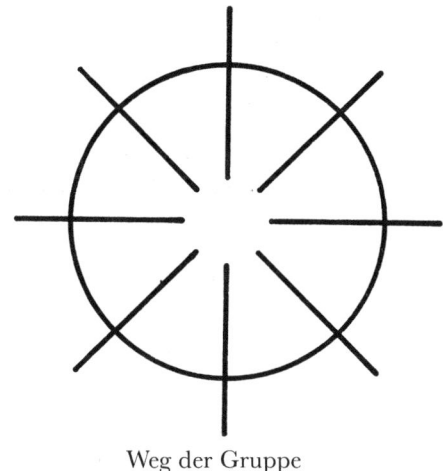

Weg der Gruppe

Didaktisches: Die Teile einzeln üben. Sanft und schwingend tanzen. Die drei Teile folgen den ganzen Tanz hindurch aufeinander. Ein Tanz für Fortgeschrittene.

Bedeutung: Die Ode an die Freude ist Beethovens Vertonung eines Textes von Schiller. Sie wurde erstmalig 1824 aufgeführt, als Beethoven schon völlig taub war. Daniel Kobialka hat Beethovens Ode hier in Sphärenmusik umgestaltet. Beethoven hat diese Ode als Aufruf zur Weltverbrüderung und als eine Realutopie verstanden. Wir können diesen Tanz aber auch in Verbindung mit der Osterzeit tanzen und auf die Auferstehung hinweisen.

»Freude, schöner Götterfunken,
Tochter aus Elysium...«

Elysium ist die Insel der Seligen (Hesiod) und wurde später mit dem Ort der Frommen in der Unterwelt identifiziert.

155

Wir wollen alle fröhlich sein

Quelle: *Passion und Ostern*, SDG 610327

Text: Wir wollen alle fröhlich sein
Wir wollen alle fröhlich sein in dieser österlichen Zeit, denn unser Heil hat Gott bereit'. Halleluja. Gelobet sei Christus, Marien Sohn.
Es ist erstanden Jesus Christ, der an dem Kreuz gestorben ist, dem sei Lob Ehr zu aller Frist. Halleluja. Gelobet sei Christus, Marien Sohn.
Er hat zerstört der Hölle Macht, die hart Gebundnen frei gemacht, Licht, Heil und Leben wiederbracht. Halleluja. Gelobt sei Christus, Marien Sohn.

Position: auf der Kreislinie, übliche Handfassung

Schritte: mitsonnen(!) acht Schritte auf der äußeren Kreislinie, wobei der achte Schritt angesetzt wird und der Körper dann zur Mitte zeigt; links beginnt(!): links, rechts, links, rechts, links, rechts, links und rechts an;
vier Schritte zur Mitte und auf diesem Weg die Arme hinter den Tanznachbarn kreuzen, bis man auf der inneren Kreislinie steht;
viermal auf der inneren Kreislinie links seit, rechts an, dabei die Arme hinter dem Rücken kreuzen;
Handfassungen lösen, mit vier Schritten zurück auf die äußere Kreislinie und die Arme anwinkeln, so daß die inneren Handflächen zur Mitte zeigen (während des Textes »Gelobet sei Christus, Marien Sohn«).

Vorspiel: ein Ton

156

Tanzform:

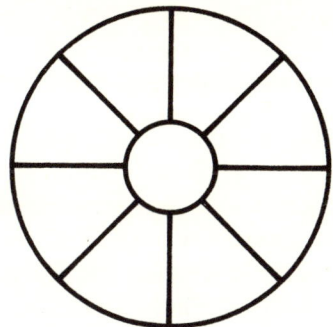

Didaktisches: Das Kreuzen der Arme vorher gut üben: rechten Arm hinter dem Rücken des rechten Nachbarn ausstrecken; linken Arm über den dort liegenden rechten
Arm des zweiten linken Nachbarn legen.

Gelobt sei Gott im höchsten Thron

Quelle: *Passion und Ostern,* SDG 610327

Text: Gelobt sei Gott im höchsten Thron
Gelobt sei Gott im höchsten Thron samt seinem einge-
bornen Sohn, der für uns hat genug getan. Halleluja.
Des Morgens früh am dritten Tag, da noch der Stein am
Grabe lag, erstund er frei ohn alle Klag. Halleluja.
Der Engel sprach: »Ei fürcht' euch nicht, denn ich weiß
wohl, was euch gebricht; ihr sucht Jesum, den findet ihr
nicht. Halleluja.
Er ist erstanden von dem Tod, hat überwunden alle Not;
kommt, seht, wo er gelegen hat«. Halleluja.
Nun bitten wir dich, Jesu Christ, weil du vom Tod erstanden bist, verleihe, was uns selig ist, Halleleluja,
damit von Sünden wir befreit dem Namen dein gebene-
deit frei mögen singen allezeit: Halleluja.

Position: auf der Kreislinie, übliche Handfassung

Schritte: mitsonnen (!) zehn Schritte: der erste Schritt setzt
groß und mit Schwung, ein kleiner zweiter Schritt wird
angesetzt; beide Schritte zählen als ein Schritt: links
setzt, rechts an; rechts setzt, links an und so weiter (zehnmal);
elfter Schritt: links setzt zur Kreismitte; der Körper zeigt
zur Kreismitte; rechts setzt an.
Bei »Halleluja« vier Schritte zur Mitte:
links und Arme schwingen vor;
rechts und Arme schwingen zurück;
links und Arme schwingen vor;
rechts und Arme schwingen zurück;
dann vier kleine schnelle Schritte zurück: links, rechts,
links, rechts und links setzt an.

Vorspiel: drei Töne »Gelobt sei«

Tanzform:

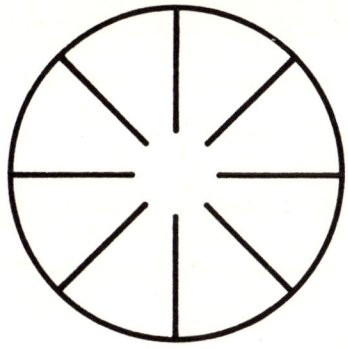

Didaktisches: Von der Schrittfolge her ist dieser Tanz sehr einfach. In den Schwung muß man sich eintanzen. Da die Tanzrichtung mitsonnen ist, beginnt immer links.

Tänze zum Totengedenken

Erinnern

Quelle: *Folklore für Panflöte*, Georges Schmitt, Christophorus-Verlag Freiburg, SCGLV 73876, Seite B, 3. Stück »Aurore«

Position: auf der Kreislinie, Gesicht zur Kreismitte, übliche Handfassung

Schritte: zwei Schritte schräg nach rechts zur Kreismitte: rechts, links ↗↗

und zurück: rechts, links; ↙↙

zwei Schritte schräg nach links zur Kreismitte: rechts, links↖↖

und zurück: rechts, links.↘↘

Instrumentales Zwischenstück: Gleitschritt gegensonnen, dabei mit den Armen mitschwingen, zuerst nach rechts: rechts seit, links an.
Bei der ersten Strophe gibt es vier Gleitschritte, bei der zweiten und dritten Strophe jeweils acht Gleitschritte.

Vorspiel: vier Schritte, Auftakt

Tanzform:

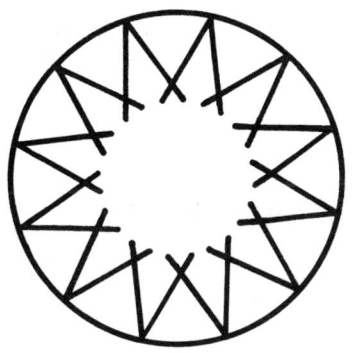

Didaktisches: Der »Pfiff« liegt auf dem rechten Fuß, beim
Wechsel von der rechten Seite (schräg) zur linken Seite
(schräg). Es wird sehr locker und fließend getanzt. Den
Gleitschritt nach rechts verbindet man mit dem Schwingen der Arme nach vorn, das Ansetzen des linken Fußes
mit dem Schwingen der Arme nach hinten.

Bedeutung: Vor dem Tanz gibt man einen kurzen Hinweis,
daß sich die Tänzer an etwas erinnern sollen. Das kann
eine Zeit, eine bestimmte Episode oder ein Mensch sein.
Die Schritte nach rechts und links deuten an, daß jedes
Ding seine zwei Seiten hat. Der Gleitschritt bedeutet,
daß das Wachstum im Leben langsam, fast unmerklich
vor sich geht. Der sichere Standpunkt, von dem aus man
nach rechts und links tanzt, stellt das eigene Zentrum
dar. Das Schwingen der Arme ist wie das Mähen und
Einbringen der Garben.

161

Marsch des Todes (Stabtanz)

Quelle: *Basler Drummel- und Pfyffer-Märsch*, Vol. 2, SRA 507–508 Electromusic AG, CH-4102 Binningen, »Celanese Drummelmarsch« von Dr. Fritz Berger

Position: Die Tänzer stehen sich in zwei Reihen gegenüber, und zwar so, daß sie mit vier Schritten aufeinander zugehen können. Jeder hält in seiner rechten Hand einen Stab (Bambus, ca. 1 m lang, ca. 1 cm Durchmesser). Mit der Linken umfaßt jeder Tänzer den Stab des Tänzers zur Linken unter dessen rechter Hand. So hält jeder Tänzer seinen Stab in der rechten Hand, faßt aber auch nach dem Stab seines linken Nachbarn.

Schritte: Die Tänzer gehen mit vier Schritten aufeinander zu, wobei der vierte Schritt angesetzt wird. Rechts beginnt. Dann gehen die Tänzer wieder mit vier Schritten auseinander, also vier Schritte zurück, wobei der vierte Schritt, der linke Fuß, angesetzt wird. Beim ersten, fünften (!) und achten Schritt stampfen die Tänzer mit dem Fuß auf und stoßen die Stäbe auf den Boden.

Tanzform:

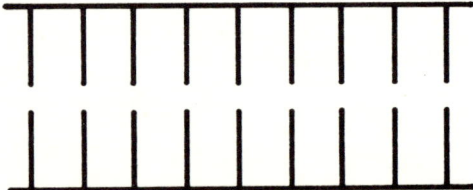

Didaktisches: Zunächst werden die Schritte sehr langsam geübt. Dann hören sich die Tänzer in die Musik und ihren Rhythmus ein und gehen die Schritte. Danach wird das Stampfen mit den Füßen hinzugenommen und

zum Schluß der Stab. Darauf achten, daß die Tänzer ihrem Gegenüber die ganze Zeit über in die Augen schauen.

Bedeutung: Dieser Tanz hat starken Selbsterfahrungscharakter. Die Einmaligkeit und Unerbittlichkeit des Todes soll durch das Aufstampfen mit den Füßen und den Stäben ausgedrückt werden. Auch das Angebundensein in der Reihe und die Bewegung des aufeinander Zu- und voneinander Weggehens soll die Unausweichlichkeit ausdrücken.

Eventuell ist der Text von Psalm 90,12 einzubeziehen: Unsere Tage zu zählen lehre uns! Dann gewinnen wir ein weises Herz.

Das Geleit (Stabtanz)

Quelle: *Basler Drummel- und Pfyffer-Märsch,* Vol. 2, SRA 507–508, Electromusik AG, CH-4102 Binningen, »D'Stainlemer«

Position: Die Tänzer stellen sich in Dreiergruppen auf. Der linke Tänzer steht auf der inneren Kreislinie, mit dem Rücken zur Mitte und schaut nach außen. Der mittlere Tänzer schaut zur Kreismitte. Der äußere Tänzer schaut ebenfalls zur Kreismitte. Der äußere und der mittlere Tänzer halten in ihrer rechten Hand jeweils einen Bambusstab.

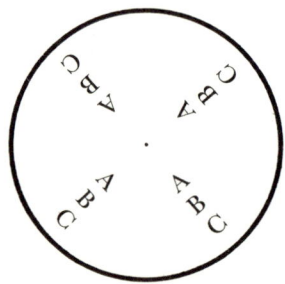

Schritte: A geht acht Schritte mitsonnen um B, und zwar so, daß B seinen dritten bis sechsten Schritt mitgeht, sich also mitsonnen um sich selbst dreht und dabei den Stab von A lose berührt.

C geht in acht Schritten um B, der sich ihm am Anfang mit dem Gesicht zuwendete. B geht wieder mitsonnen um sich selbst und berührt den Stab von C während dieser seinen dritten bis sechsten Schritt macht.

A und C formen mit ihren Stäben, die sie in der Höhe kreuzen, ein Tor.

B geht mit vier Schritten mitsonnen unter dem Tor durch und mit weiteren vier Schritten auf den vor ihm liegenden neuen Platz von B.

Vorspiel: Zwölf Schritte/Taktstriche

Tanzform:

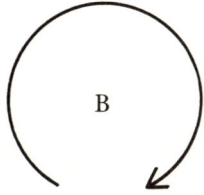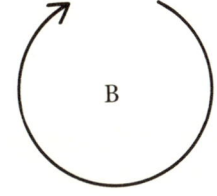

Weg des Tänzers A   Weg des Tänzers C   Weg des Tänzers B

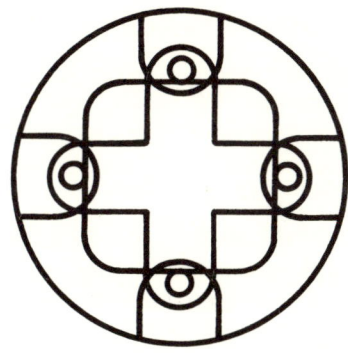

Didaktisches: Die Tanzrichtung (mitsonnen) beachten, und die acht Schritte vorher genau üben. Ein Tanz für Fortgeschrittene.

Bedeutung: Das Kreisen, das teilweise gemeinsame Gehen und die Tore sollen das sich gegenseitige Geleiten ausdrücken.

Tortanz

Quelle: Largo aus der *Wassermusik*, Georg Friedrich Händel (1685–1759), *Adagio*, Decca 64.28271

Position: Zwei Gruppen von Tänzern (Tänzer 1 und Tänzer 2). Tänzer 1 stehen auf der inneren Kreislinie mit dem Gesicht nach außen; Tänzer 2 stehen auf der äußeren Kreislinie, mit dem Gesicht nach innen; alle stehen unangefaßt.

Schritte: Tänzer 2 stehen mit erhobenen Armen, als bildeten sie Tore. Tänzer 1 gehen mit drei Schritten vorwärts: rechts, links, rechts. Tänzer 2 machen, indem sie die Arme senken, drei Schritte nach innen. Tänzer 1 und Tänzer 2 machen dieselbe Bewegung, lediglich zu unterschiedlichen Zeiten. Aus der Perspektive der Tänzer 1 sieht der Weg insgesamt so aus:
drei Schritte vorwärts zur äußeren Kreislinie, drei Schritte im Halbbogen gegensonnen auf die Kreislinie, drei Schritte zum nächsten Platz auf der Kreislinie gegensonnen, drei Schritte am Platz stehend mit erhobenen Armen, drei Schritte vorwärts zur inneren Kreislinie, drei Schritte gegensonnen im kleinen Kreis, so daß man wieder zum äußeren Kreis blickt.

Die Tänzer 2 machen den gleichen Weg, beginnen aber stehend auf der Kreislinie mit erhobenen Armen mit drei Schritten vorwärts, wenn die Tänzer 1 ihre drei Schritte vorwärts auf die Tänzer 2 zugegangen sind.

Vorspiel: zwölf Schritte.

166

Tanzform:

Weg eines Tänzers Nr. 1   Weg eines Tänzers Nr. 2
x = Ausgangspunkt

Weg der Gruppe

Didaktisches: Zunächst üben alle gleichzeitig, beginnend vom Standort der Tänzer 2, so daß alle Tänzer ein klares Gefühl für ihren Weg haben. Erst dann beginnen die Tänzer 1 von innen und die Tänzer 2 von außen. Wenn die Wege sicher sind, können sich die Tänzer auf dem Weg zur Mitte und nach der Wendung in der Mitte lose anfassen. Dann wird das sanfte, fließende Gehen noch deutlicher für den einzelnen spürbar: kommen, gehen, loslassen, anfassen, loslassen und so weiter. Jeder Tänzer dreht sich immer nur um seine linke Schulter.

Dieser Tanz macht zunächst etwas Mühe, da man sich auf den Weg konzentrieren muß. Daher eignet er sich in erster Linie für Fortgeschrittene.

Bedeutung: Ist die Tanzrichtung und die Bewegung sicher eingeübt, wird das Sterben und Auferstehen ein wenig erlebbar.

Reigen seliger Geister

Quelle: Ballettmusik aus *Orpheus und Eurydike*, Christoph Willibald Gluck (1714–1787), Telefunken-Decca, TK 11508/1–2, Doppelalbum, 1971

Position: auf der Kreislinie, Gesicht zur Mitte, übliche Handfassung; zwei Gruppen von Tänzern (Tänzer 1 und Tänzer 2), alle beginnen gemeinsam mit denselben Schritten.

Schritte: *Erster Teil:* sechs Schritte mitsonnen auf der Kreislinie, dann lassen sich die Tänzer los, und jeder geht mit sechs Schritten mitsonnen einen kleinen Kreis im Kreis, faßt dann sofort wieder die Hände der anderen zu den nächsten sechs Schritten gemeinsam auf der Kreislinie und so weiter.

Zweiter Teil (Flöte): Tänzer 1 gehen mit drei Schritten und in einem Halbkreis mit drei Schritten mitsonnen in die Mitte, so daß sie nach sechs Schritten den Tänzern 2 gegenüberstehen. Alle stehen unangefaßt, die Tänzer 1 auf der inneren Kreislinie mit Blick nach außen, die Tänzer 2 auf der äußeren Kreislinie mit Blick nach innen. Alle gehen gleichzeitig mit sechs Schritten in einem Halbkreis mitsonnen aufeinander zu, wobei sie ihre Körperhaltung nicht verändern, und gehen dann mit sechs weiteren Schritten im Halbkreis rückwärts auf ihren alten Platz (Rückenkreis).

Dritter Teil (Anfangsmelodie): Tänzer 1 gehen zwischen die Tänzer 2 auf der äußeren Kreislinie. Alle fassen sich an und gehen wie im ersten Teil sechs Schritte mitsonnen auf der Kreislinie, dann sechs Schritte im kleinen Kreis mitsonnen, unangefaßt.

Vorspiel: zwölf Schritte

Tanzform:

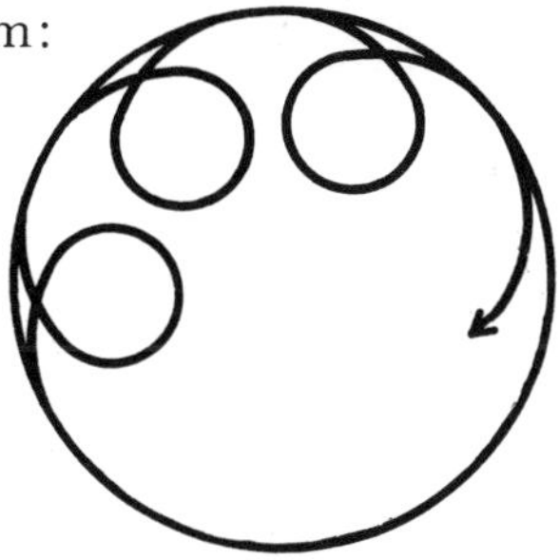

Weg eines Tänzers
im ersten und
dritten Teil

Weg der Gruppe
im ersten und
dritten Teil

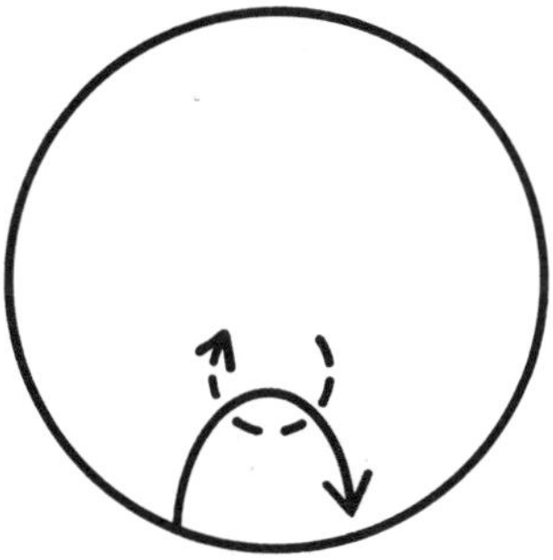

Weg eines Tänzers
1 und 2 im zweiten Teil

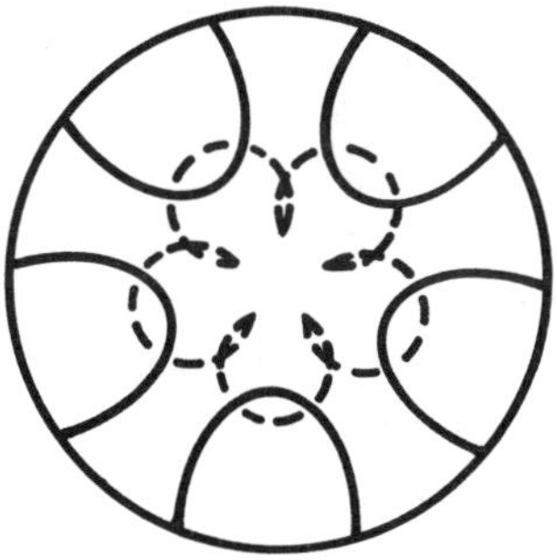

Weg der Gruppe
im zweiten Teil

Didaktisches: Damit den Tänzern beim Kreisen im ersten
und dritten Teil nicht schwindlig wird, sollen sie nicht
auf den Boden, sondern geradeaus schauen. Den Rük-
kenkreis vorher üben, ebenso den Weg der Tänzer 1 in
den Kreis als Übergang vom ersten zum zweiten Teil.

Weg des Tänzers 1
in den Kreis

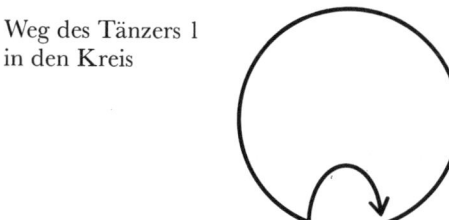

Bedeutung: Die Kreise und das Anfassen und Loslassen sollen
etwas vom »Reigen der Seligen« vermitteln.

169

Frühlingstänze

Lerche

Quelle: *The Sky of Mind*, Ray Lynch, Ray Lynch Productions, 115 Clayton, San Rafael, CA 94901, »Quandra«, Seite A, letztes Stück, 1983

Position: auf der Kreislinie, Gesicht zur Mitte, übliche Handfassung

Schritte: fünf Schritte gegensonnen auf der Kreislinie: rechts, links, rechts, links, rechts;
zwei Gleitschritte fast am Platz: links, rechts; dann mit dieser gesamten Schrittsequenz (fünf Schritte auf der Kreislinie, zwei Gleitschritte am Platz) langsam gegensonnen spiralförmig zur Kreismitte;
dann wieder mitsonnen spiralförmig aus dem Kreis bis auf die Kreislinie.
Der fünfte Schritt gegensonnen ist der erste Gleitschritt.

Vorspiel und Nachspiel: Glocken

Tanzform:

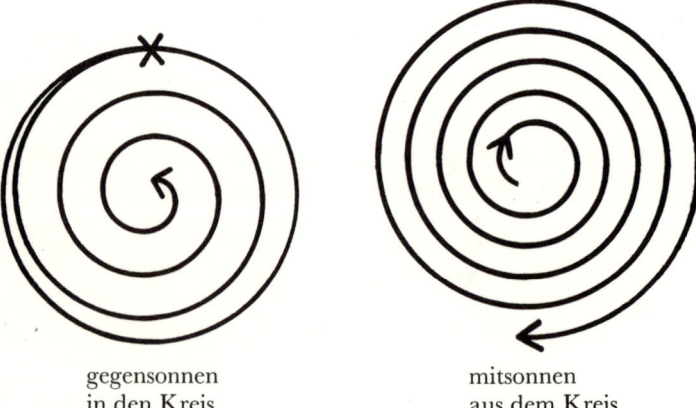

gegensonnen
in den Kreis

mitsonnen
aus dem Kreis

Didaktisches: Die Schrittfolge kurz üben. Die Spiralform kann man als Leiter anführen, ohne vorher zu üben.

Bedeutung: Die Bewegung soll das Aufsteigen und den Tanz der Lerche in der Höhe über dem Frühlingsacker andeuten. Die Musik unterstützt die Assoziationen zum frühen Teil des Frühlings: Duft, klare Sonne, klare zarte Luft, erstes Vogelgezwitscher, Ackerfurchen und Erdgeruch.

Kirschblütenzeit (Bändertanz, siehe auch Seite 68)

Quelle: *Song of the Seashore und andere Melodien aus Japan*, James Galway, RCA, RL 25253, 1979

Text: Ein heller Tag am Sumida-Fluß.
Bootsleute rühren das Wasser auf
Mit ihren Ruderblättern.
Welch reizvoll-heit're Szenerie!
Mir ist's, als ob Kirschblüten,
Mit Tau benetzt zu mir sprechen,
Als ob die langen Weidenzweige
Mir abends freundlich winken.
Ein mattes Mondlicht
läßt das Meer von Blüten leuchten,
Das längs dem Flusse wogt.
So herrlich und so schön ist dieser Anblick,
Wie's keinen sonst gibt auf der Welt.

Position: Die Tänzer stehen unangefaßt auf der Kreislinie. Jeder hat ein Band in einer Hand.

Schritte: *Teil A:* vier Schritte zur Kreismitte, vier Schritte aus der Kreismitte (zweimal).
Teil B: acht Schritte gegensonnen ↗, dann mit acht Schritten eine Acht in den Kreis gehen ⧓
und wieder acht Schritte auf der Kreislinie gegensonnen ↗. (Leichte Änderung zu Seite 68)
Teil A und Teil B wiederholen.
Danach folgt Teil A und zweimal Teil B.
An zwei Stellen gibt es, wenn die Acht in den Kreis gegangen wird, eine musikalische Verzögerung, die aber nicht in Schritte umgesetzt wird. Es wird immer im selben ruhigen Tempo geschritten. Beim Schreiten werden die Bänder geschwungen, geschleift oder bewegt, wie jeder Tänzer will.

Vorspiel: acht Schritte

Musikablauf: Da der Musikablauf für uns Europäer ungewohnt ist, wird die Schrittfolge hier nochmals bildlich dargestellt:

172

A   vier Schritte in den Kreis, vier Schritte heraus ⇅

A   (wiederholen) ⇅

B   acht Schritte gegensonnen →

B   eine Acht in den Kreis gehen 𝟖

B   acht Schritte gegensonnen →

A   vier Schritte in den Kreis, vier Schritte heraus ⇅

A   (wiederholen) ⇅

B   acht Schritte gegensonnen →

B   eine Acht in den Kreis gehen 𝟖

B   acht Schritte gegensonnen →

A   vier Schritte in den Kreis, vier Schritte heraus ⇅

A   (wiederholen) ⇅

B   acht Schritte gegensonnen →

B   eine Acht in den Kreis gehen 𝟖

B   acht Schritte gegensonnen →

B   acht Schritte gegensonnen ↘

B   eine Acht in den Kreis gehen 𝟖

B   acht Schritte gegensonnen ↘

Tanzform:

Didaktisches: Die Seidenbänder sind drei Zentimeter breit
und etwa zwei bis drei Meter lang, je nach Größe der
Tänzer. Zunächst das Umgehen mit den Bändern aus-

173

probieren, dann unangefaßt gehen und das Bandschwingen erfahren. Der Tanz kann auch ohne Bänder und angefaßt getanzt werden.

Bedeutung: Der Bändertanz soll das Frühlingshafte ausdrükken: Bänder und Folienstreifen im Kirschbaum und an den Vogelscheuchen, Bänder in Hüten und Haaren, Liebesbänder.
Man erinnere sich an die Zeile aus Mörikes Gedicht: »Frühling läßt sein blaues Band wieder flattern durch die Lüfte.«

Streifzug durch die Wiese

Quelle: *Gitarrenquintette Nr. 4, 5 und 6,* Luigi Boccherini (1743–1805), Philips Nr. 327601, 1980,»Andante pausato« aus Gitarrenquintett Nr. 5 in D-Dur, G. 449

Position: auf der Kreislinie, Gesicht zur Mitte, übliche Handfassung

Tempo: kurz, kurz, lang

Schritte: Dieser Tanz wird in zwei Teilen getanzt, die einander abwechseln und aus Schrittsequenzen bestehen. *Eine Sequenz:* rechts, links, rechts; links streift am Boden und links, rechts, links; rechts streift am Boden.
Teil 1: in zwei Sequenzen schräg zur Mitte (rechts, links, rechts und links, rechts, links; rechts, links, rechts und links, rechts, links) und genauso rückwärts aus der Kreismitte.
Dies viereinhalbmal, das heißt, dieser Teil endet in der Kreismitte.
Teil 2: auf der inneren Kreislinie beginnend gegensonnen langsam nach außen auf die äußere Kreislinie kommen und dort weitertanzen: acht Sequenzen.
Teil 1: in zwei Sequenzen schräg zur Mitte und rückwärts aus der Mitte. Dies eineinhalbmal, das heißt, dieser Teil endet in der Mitte.

Teil 2: auf der inneren Kreislinie beginnend gegensonnen langsam nach außen auf die äußere Kreislinie kommen und dort weitertanzen: vierzehn Sequenzen.

Teil 1: in zwei Sequenzen schräg zur Mitte und rückwärts aus der Mitte (zweimal).

Teil 2: auf der äußeren Kreislinie gegensonnen: vierzehn Sequenzen.

Teil 1: in zwei Sequenzen schräg zur Mitte und rückwärts zurück (einmal)

Tanzform:

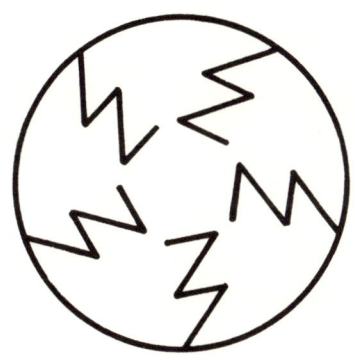

Didaktisches: Wechselschritt mit Schleifschritt und die jeweilige Richtung üben. Die unterschiedlichen Längen hört man deutlich am Melodiewechsel. Der Leiter sollte die Musik gut kennen, dann können die Tänzer ihn nachahmen.

Bedeutung: Die Gitarrenmusik erinnert an den Frühling, der Schleifschritt soll das Streifen durch Gras andeuten.

Anmerkung: Der Komponist dieser Musik, Boccherini, trat bereits mit dreizehn Jahren als Cellist an die Öffentlichkeit und musizierte unter anderem mit dem preußischen König Friedrich Wilhelm II.

175

Kuckuck

Quelle: *Karneval der Tiere*, Camille Saint-Saëns (1835–1921), Teilstück Nr. 9 »Der Kuckuck«, Andante, Deutsche Grammophon, Junior, 3346 304, 1975

Position: auf der Kreislinie, Gesicht zur Mitte, übliche Handfassung

Schritte: drei Schritte gegensonnen (rechts, links, rechts), Körper gegensonnen, vierter Schritt zurück (links), fünfter und sechster Schritt mitsonnen (rechts. links) und den Körper mitsonnen wenden.
Die drei Schritte vorwärts werden größer gemacht als der Schritt zurück und die beiden Schritte gegensonnen. Dadurch kommt man trotzdem auf der Kreislinie langsam vorwärts (gegensonnen).

Vorspiel: vier Schritte

Tanzform:

Didaktisches: Der Schritt ist einfach, zu achten ist auf die Körperwendung zuerst nach rechts (gegensonnen), dann nach links (mitsonnen).

Bedeutung: Die Musik drückt Majestät und Wirrwarr aus. Dadurch kommt die Vielfalt der Vogelwelt zum Ausdruck. Die Schritte vor und zurück und der Richtungswechsel sollen die Situation des Kuckucks ausdrücken, der sich nach den anderen Vögeln richtet (Richtungswechsel des Körpers). Der eine Schritt zurück und die zwei Schritte mitsonnen sind fast am Platz, jedenfalls kehren sie zum schon erlebten Platz zurück. Dies soll an das Nest erinnern.

Sommertänze

Rosenbeet

Quelle: *Venezia 2000*, Rondo Veneziano, »Sinfonia per un addio«, Seite A (Anfang), Baby records 406 752, 1983

Position: auf der äußeren Kreislinie beginnend, Gesicht zur Mitte, übliche Handfassung

Schritte: *Teil 1:* gegensonnen drei Schritte vor (rechts, links, rechts) und einen Schritt zurück (links). In acht Sequenzen spiralig zur Kreismitte gehen. ©

Teil 2 (spitze, hackende Töne): vier kleine Schritte am Platz, dann mit vier Schritten aus der Kreismitte und mit vier Schritten in die Kreismitte gehen. Beim Vorwärtsgehen in die Mitte die Arme etwas heben, beim Zurückgehen aus der Mitte die Arme senken. Das Hinaus- und Hineingehen wird neunzehnmal wiederholt und endet auf der äußeren Kreislinie. Dann zwei kleine Schritte am Platz (rechts, links).

Teil 3: auf der äußeren Kreislinie gegensonnen drei Schritte vor und einen Schritt zurück: siebzehn Sequenzen. �

Teil 4: wie Teil 1 ©

Teil 5: vier Schritte aus der Kreismitte, vier Schritte in die Kreismitte, Arme senken und heben. Dieser Teil endet auf der äußeren Kreislinie:
dreizehn Sequenzen: ↓ ↑ ↓ usw.

Vorspiel: vier Schritte

Tanzform:

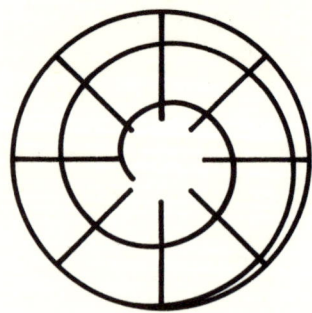

Didaktisches: Die Schrittfolge kurz üben. Die Schrittform (Kreis, Spirale, Gerade hinein/hinaus) ergibt sich aus der Musik. Der Leiter sollte den Ablauf des Tanzes gut kennen, damit ihn die Teilnehmer nachahmen können.

Bedeutung: Der erste, dritte und vierte Teil des Tanzes stellen das Erblühen der Rose dar. Die Blüte ist sowohl spiralförmig als auch auf die Kreismitte hin angelegt. Im zweiten und fünften Teil mit seiner spitzen Musik werden die Dornen angedeutet. Der Weg zur Mitte und aus der Mitte erinnert an das Rosenbeet.
Die Rose gilt als das älteste und bedeutendste Blumensymbol für Maria. Die weiße Rose steht für ihre Reinheit, die rote für ihre Liebe.

Ährenfeld

Quelle: *Klassische Trompetenkonzerte*, Capriccio Delta Music,
1982, Nr. CD 27001; Anonymus: Konzert für Trompete,
Solovioline, Streicher und Basso continuo in Es-Dur,
zweiter Satz (Adagio)

Position: auf der Kreislinie, Gesicht zur Mitte, übliche Handfassung

Schritte: rechts vor, links setzt mit kleinem Schritt an, rechts
setzt mit größerem Seitenschritt, links zurück

Vorspiel: zwölf Schritte

Tanzform:

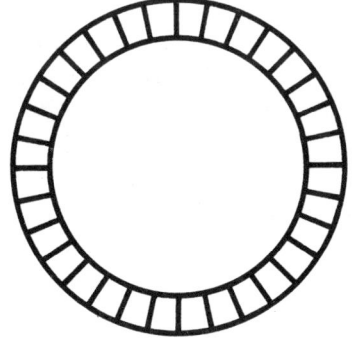

Weg eines
Tänzers

Didaktisches: Der Tanz bewegt sich langsam gegensonnen um
die äußere Kreislinie. Während des ganzen Tanzes berührt immer nur jeweils ein Fuß der Tänzer den Boden,
das heißt, die Körper sind ständig in Schwingung. Wichtig ist, daß allmählich eine Gruppenschwingung entsteht.

Bedeutung: Durch die kleine Bewegung und das Schwingen
der Körper soll der Wind im Ährenfeld dargestellt werden.

179

Elfentanz

Quelle: *Der Nußknacker Op. 71*, Peter Tschaikowsky (1840–1893), »Tanz der Rohrflöten«, Teldec, 6.42424 AH

Position: auf der Kreislinie, Gesicht zur Mitte, übliche Handfassung

Schritte: kleine, leichte Schritte, wie schwebend, federnd
Teil 1: rechts seitlich vor, links an; links seitlich vor, rechts an (viermal zur Kreismitte);
um die linke Schulter (gegensonnen) drehen und genauso aus der Kreismitte;
dann wieder um die linke Schulter (gegensonnen).
Diese ganze Sequenz fünfmal:

Teil 2: linke Schulter zur Kreismitte;
links seitlich, rechts ansetzen, ohne den Boden zu berühren;
rechts seitlich, links ansetzen, ohne den Boden zu berühren und dabei mit dem Körper schwingen: ∧∧∨
Diese Sequenz neunzehnmal (auf links neunzehnmal zählen). Dabei langsam gegensonnen vorwärts bewegen.

Vorspiel: vier Schritte

Tanzform:

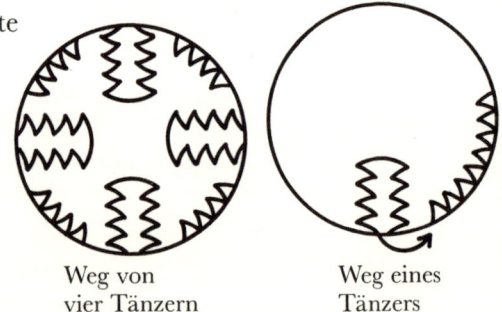

Weg von   Weg eines
vier Tänzern   Tänzers

Didaktisches: Leichten Schritt und Drehung auf dem linken Fuß üben. Man geht immer vorwärts in den Kreis und aus dem Kreis.

Bedeutung: Die kleinen, schwingenden Schritte sollen das Elfenhafte ausdrücken.

Herbsttänze

Wind in den Bäumen (Tuchtanz)

Quelle: *Land of Enchantment*, Deuter, Kuckuck LC, MC 081
1988, Seite B, letztes Stück

Position: auf der Kreislinie, Gesicht zur Mitte; die Tänzer
halten in den rechten Händen ein Tuch (das heißt eine
Tuchecke) und gleichzeitig die Tuchecke ihrer Mittänzer
zur Linken.

Schritte: vier Schritte zur Mitte (leichte, läuferische Schritte),
wobei die Tücher nach oben geschwungen werden;
vier Schritte zurück, Tücher nach unten schwingen;
vier Schritte vor, Tücher nach oben schwingen;
vier Schritte zurück, Tücher nach unten schwingen;
viermal: rechts seit, links an.

Vor- und Zwischenspiel: (einzelne langgezogene Töne): am
Platz schwingen, bei Melodiebeginn mit den oben ange-
gebenen Schritten beginnen.
Mitten im Stück kommen wieder langgezogene Töne.
Dann wieder am Platz schwingen. Bei erneutem Melo-
diebeginn wieder mit obigen Schritten beginnen.

Tanzform:

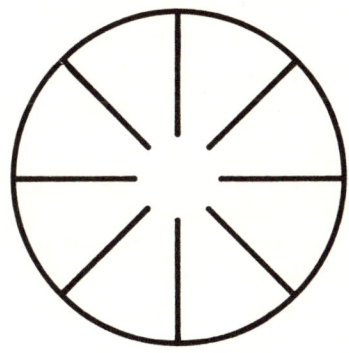

Bedeutung: Die Tänzer können sich als Bäume im Wind fühlen.

Anmerkung: Neben den angegebenen Schritten können die Tänzer freie Bewegungen mit ihrem Körper und mit den Tüchern machen. Der Tanz kann in der Gruppe getanzt werden, aber auch allein mit einem Tuch in jeder Hand.

Drachenflug (Bändertanz)

Quelle: *Deuter Ecstasy*, Kuckuck, Nr. 044, Teldec, 1979 »La Ilaha Il Allah«, 1979

Position: auf der Kreislinie stehen, übliche Handfassung. Jeder Tänzer hat an jedem Unterarm in der Nähe des Ellbogens ein Band angeknüpft. Man faßt sich wie üblich an, und das Anfassen soll durch die Bänder nicht gestört werden. Die Bänder sollen sich frei bewegen können.

Schritte: rechten Fuß seitlich setzen, dreimal seitlich schwingen und linken Fuß ansetzen →;
rechten Fuß vorsetzen, dreimal vor- und zurückschwingen und linken Fuß an rechten setzen. ↑ Dabei werden die Arme nach vorn und oben geschwungen.
Rechten Fuß seitlich setzen, dreimal seitlich schwingen, linken Fuß ansetzen →;
rechten Fuß zurücksetzen, dreimal schwingen und linken Fuß an rechten setzen ↓;
rechten Fuß seitlich setzen, dreimal seitlich schwingen und linken Fuß ansetzen →;
rechten Fuß zurücksetzen, dreimal vor- und zurückschwingen, linken Fuß ansetzen ↓;

rechten Fuß seitlich setzen, dreimal seitlich schwingen und linken Fuß ansetzen →;
rechten Fuß vorsetzen, dreimal vor- und zurückschwingen und linken Fuß ansetzen ↑.

Vorspiel: Flötenspiel, bis ein neuer tiefer, langer Ton einsetzt, dann am Platz einschwingen und beginnen

Tanzform:

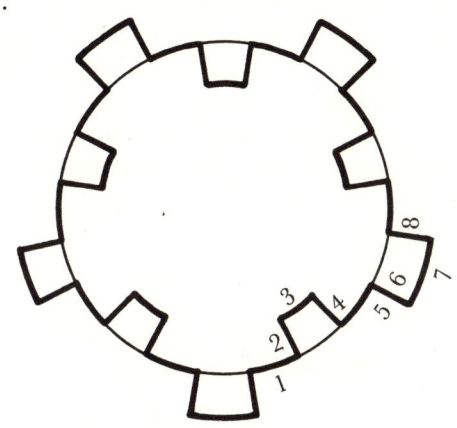

Didaktisches: Rechts setzt immer zuerst, dann dreimal schwingen und linken Fuß nachsetzen. Der Tanz kann ohne Üben getanzt werden.

Bedeutung: Je gleichmäßiger von den Schritten und von der Bewegung her getanzt wird, desto deutlicher wird die von der ganzen Gruppe gebildete Drachenform.

Sturm

Quelle: *Ungarischer Tanz Nr. 14 in d-Moll »Un poco Andante«*, Johannes Brahms (1833–1897)

Position: auf der Kreislinie, Gesicht zur Kreismitte, übliche Handfassung

Schritte: auf der Kreislinie gegensonnen:
rechts großen Schritt vorwärts, links kleinen Schritt zurück. Dadurch entsteht eine Schwingung. Dies zehnmal. Dann mit demselben Schritt spiralförmig zur Kreismitte. Dies in siebzehn Schrittfolgen.
Zum Schluß, wenn die hohen Flötentöne einsetzen, mit vier Schritten in gerader Linie zurückgehen auf die äußere Kreislinie, wieder rechts mit großem Schritt und links mit kleinem Schritt.

Vorspiel: vier Schritte

Tanzform:

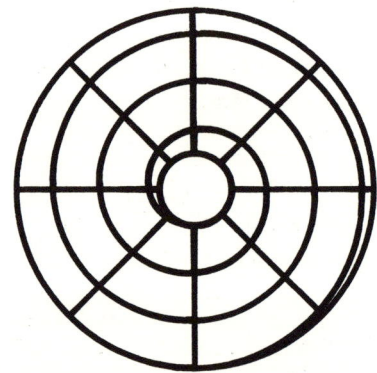

Didaktisches: Schritt und Schwingung kurz ausprobieren. Der Tanzleiter muß auf die Anzahl der Schrittfolgen achten (zehn auf der äußeren Kreislinie, siebzehn auf dem Weg zur Kreismitte), damit er Länge beziehungsweise Kürze des Tanzes in der Form austanzt. Der Tanz dauert eineinhalb Minuten.

Bedeutung: Bewegungsablauf und Tanzform (Kreis und Spirale) sollen den Herbststurm ausdrücken – Wind, zunehmende Windwirbel, Sturm und abnehmenden Wind.

Wintertänze

Tanz der Schneeflocken

Quelle: *Zauber der Glasharfe*, Johann Friedrich Reichardt,
Rondeau in B-Dur für Glasharmonika, zwei Violinen,
Viola, Violoncello und Kontrabaß, »Andante«, VOX
FSM 43003

Position: auf der Kreislinie, Gesicht zur Kreismitte, übliche
Handfassung, sehr locker anfassen

Schritte: weiche, federnde Schritte, locker angefaßt, dabei
sanft mit den Armen vor- und zurückschwingen:
acht Schritte, klein und federnd, in den Kreis und acht
Schritte, klein und federnd, aus dem Kreis;
dann loslassen und acht kleine, federnde Schritte mitsonnen um sich selbst, fast auf dem Platz, dabei mit den
Armen sanft schwingen.
Es beginnt immer der rechte Fuß.

Tanzform:

Didaktisches: Körper unter den Achselhöhlen, im Gesicht
und am Gesäß bewußt lockern und entspannen, gleich-
sam öffnen, dann das Federn üben und die Arme aus der
Schulter heraus locker und ohne Anstrengung schwingen.

Eistanz

Quelle: *Die vier Jahreszeiten*, Vivaldi, Konzert F I,25 für Violine, Streicher und Basso continuo f-Moll, »Der Winter«, Largo

Position: auf der Kreislinie, übliche Handfassung

Schritte: vier Schritte auf der Kreislinie gegensonnen (rechts, links, rechts, links), loslassen;
zwei Schritte aus dem Kreis hinaus (rechts, links);
dann mit zwei Schritten auf die Kreislinie (rechts, links) und wieder anfassen

Vorspiel: acht Schritte

Tanzform: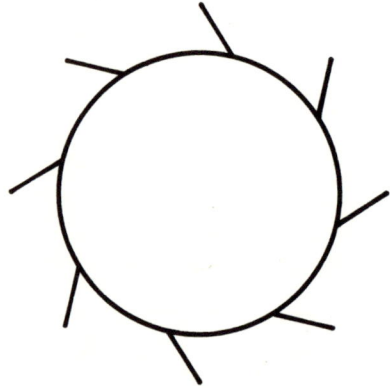

Didaktisches: Der Schwung liegt auf dem letzten Schritt, mit dem man wieder auf die Kreislinie zurückkommt und auf dem ersten Schritt gegensonnen, wenn man sich gerade wieder angefaßt hat.
Da der Tanz sehr kurz ist (zwei Minuten), sollte man ihn mehrmals hintereinander aufnehmen.

Bedeutung: Es regt die Phantasie der Tänzer an, wenn sie sich eine Eisfläche unter sich und Schlittschuhe an den Füßen vorstellen. Das Hinausgehen aus dem Kreis, das Anfassen und das Loslassen unterstützt die Vorstellung vom Eislauf.

Schneeschmelze

Quelle: *Die Maultrommel*, Gold Records 1981, CH-8942 Oberrieden Gold Records, 11 139 »Pilio«, 1981

Position: auf der Kreislinie, Gesicht zur Mitte, übliche Handfassung

Schritte: in einem sanften Bogen nach rechts zur Kreismitte: rechts seit, links an, rechts seit, links tippt auf rechten Fuß.
Dasselbe mit sanftem Bogen nach links zur Kreismitte: links seit, rechts an, links seit, rechts tippt auf linken Fuß.
Dabei werden die Schultern immer mitgedreht, erst nach rechts, dann nach links.
Mit fünf solchen Schritten (Bogen rechts, Bogen links) zur Kreismitte und genauso wieder heraus. Dann wieder mit dem rechten Fuß beginnen.

Tempo: kurz, kurz, lang-tipp

Vorspiel: am Platz schlenkern, Auftakt.

Nachspiel: am Platz schlenkern

Tanzform:

Didaktisches: Auf kleine Schritte achten. Den Körper sehr locker halten und saubere Drehungen nach rechts und nach links ausführen. Auch das Schlenkern sehr locker ausführen.

Bedeutung: Vorzustellen ist ein dicker, fester Schneemann, der allmählich zu tauen beginnt. Dadurch wird er beweglich. Man kann auch überlegen, was man selbst unter »schmelzen« versteht. Wenn einem das Herz schmilzt ...

Tänze zu klassischer Musik

Hoffnung

Quelle: *Konzert für Trompete und Orchester Es-Dur*, Joseph Haydn, (Hob. VII e Nr. 1) zweiter Satz, Andante, Capriccio, LC 8748, Digital, 5020 Königsdorf, 1982.

Position: auf der Kreislinie, Gesicht zur Mitte, übliche Handfassung

Schritte: sechs Schritte auf der Kreislinie gegensonnen, dann drei Schritte in den Kreis und drei Schritte aus dem Kreis, rechts beginnt.

Vorspiel: sechs Schritte

Tanzform:

Didaktisches: Kein Üben nötig; darauf achten, daß rechts beginnt.

Bedeutung: Der Schritt zeichnet eine Blüte nach, ein Symbol der Hoffnung.

Lebensrad

Quelle: *Konzert Nr. 1 für Trompete, Streicher und Basso continuo D-Dur*, Johann Melchior Molter (1696–1765), (MWV IV, 12), zweiter Satz, Adagio, Digital, Capriccio, LC 8748, 5020 Königsdorf, 1982.

Position: auf der Kreislinie, Gesicht zur Mitte, übliche Handfassung

Schritte: vier Schritte gegensonnen auf der Kreislinie,
vier Schritte zur Kreismitte,
vier Schritte innen auf der Kreislinie gegensonnen,
vier Schritte aus dem Kreis,
jeweils rechts beginnend.

Vorspiel: sechs Takte (4/4)

Tanzform:

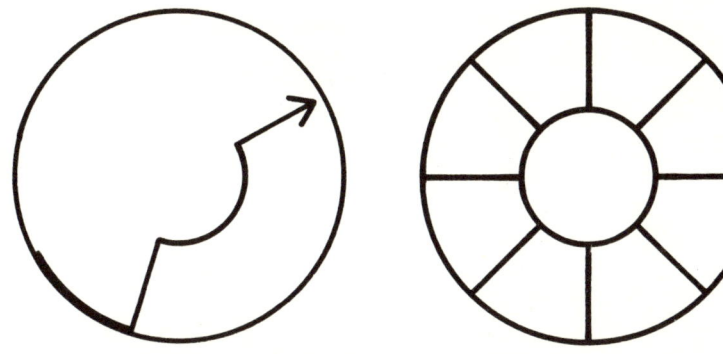

Weg eines Tänzers   Weg der Gruppe

Didaktisches: Fließend tanzen, das heißt, die Übergänge der Richtungen weich nehmen.
Man kann diesen Tanz auch sehr langsam tanzen, indem man auf jeden zweiten Taktstrich einen Schritt macht, also halb so schnell tanzt wie hier beschrieben. Dennoch behält man die angegebene Schrittfolge bei. Die langsame Form eignet sich besonders für ältere Tänzer.

Bedeutung: Die Spuren der Schritte zeichnen ein Rad.

Bach-Gavotte

Quelle: *Gavotte I aus der Orchestersuite Nr. 3 D-Dur*, J. S. Bach, BWV 1068, Maurice André, Erato ZL 30575

Position: *entweder* im Kreis (übliche Handfassung)
oder zu viert im Kreuz einander gegenüberstehend (jeder Tänzer steht für sich)
oder zu acht, das heißt in Paaren (angefaßt) einander gegenüberstehend
oder in zwei Reihen, die Hände hinter den Rücken gekreuzt (rechten Arm über dem linken Arm des rechten Nachbarn hinter dessen Rücken; linken Arm unter dem rechten Arm des linken Nachbarn hinter dessen Rücken)

Schritte: vier Schritte vor (rechts, links, rechts, links), zwei Schritte zurück (rechts, links), zwei Schritte vor; dann dasselbe zurück: vier Schritte zurück (rechts, links, rechts, links), zwei Schritte vor (rechts, links), zwei Schritte zurück

Vorspiel: acht Schritte

Tanzform:

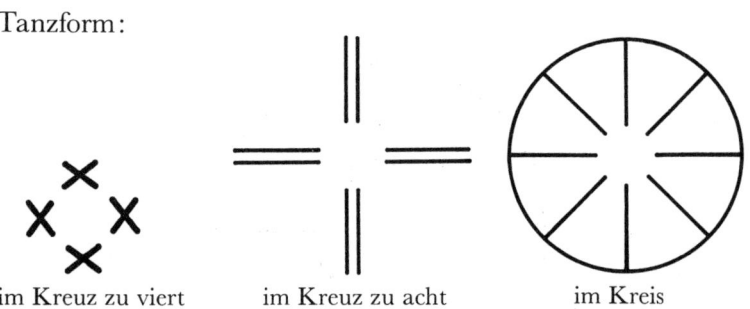

im Kreuz zu viert   im Kreuz zu acht   im Kreis

Die Hungrigen füllt Er mit Gütern

Quelle: *Magnificat*, J. S. Bach, BWV 243, Nr. 9, Deutsche Grammophon, 2531048, 1979 (Platte) und *Softness of a Moment*, Daniel Kobialka, DK 114, 1986, California (Kassette)

Text: Die Hungrigen füllt Er mit Gütern
und läßt die Reichen leer.

Position: auf der äußeren Kreislinie, Gesicht zur Mitte, übliche Handfassung

Schritte: vier Schritte gegensonnen schreiten (rechts, links, rechts, links), die Arme anwinkeln (im rechten Winkel) und mit vier Schritten zur Mitte schreiten (rechts, links, rechts, links).
Da die Arme angewinkelt sind, liegen sie nun eng aneinander. In dieser Haltung vier Seitschritte* (rechts, links; rechts, links; rechts, links; rechts, links). Die Arme langsam senken, während man mit vier Schritten aus der Mitte auf die äußere Kreislinie geht (rechts, links, rechts, links) und dabei die Arme weit öffnet. Nun mit ausgestreckten Armen, so weit wie möglich, einen Kreis halten und zwei Seitschritte (rechts, links; rechts, links) gehen.

Tanzform:

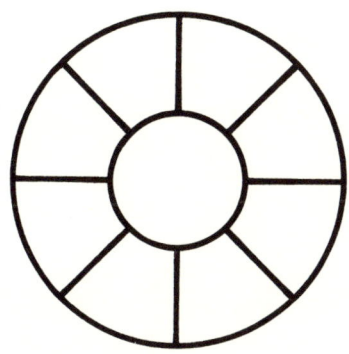

---

* *Seitschritt* bedeutet: rechts seit, links seit, wobei der rechte Seitschritt weiter gesetzt wird als der linke. Dadurch bewegt sich der Kreis langsam gegensonnen.

Didaktisches: Die Schritte sind einfach. Arm- und Handhaltungen sind präzise auszuführen, da sie den Text verdeutlichen sollen: Die Fülle Gottes in der Enge und seine über alle Wesen ausgebreiteten Arme.

Es wirkt sehr beeindruckend, wenn beide Interpretationen dieser Musik ohne Unterbrechung nacheinander getanzt werden.

Spaziergang

Quelle: Ohne Satzbezeichnung, J.S. Bach, Konzerte für Cembalo und Streicher, BWV 1053, E-Dur Polidor International Nr. 2533 466, 1981

Position: auf der Kreislinie, Gesicht zur Mitte, übliche Handfassung

Schritte: vier Schritte vor: rechts, links, rechts, links;
zwei Schritte zurück: rechts, links;
zwei Schritte vor: rechts, links;
das gleiche spiegelbildlich zurück:
vier Schritte zurück (rückwärts),
zwei Schritte vor,
zwei Schritte zurück (rückwärts).

Vorspiel: acht Schritte
Auftakt: eine Note

Tanzform:

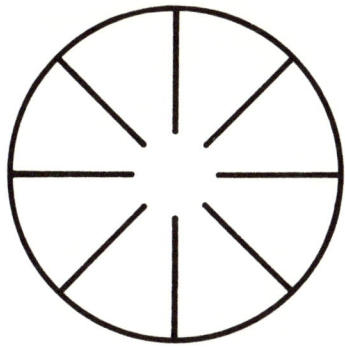

Didaktisches: Die Tänzer müssen nur die Anzahl der Schritte und die Schrittfolge behalten (vier/zwei/zwei). Der Tanz kann im Kreis, in der runden Linie, in der Reihe, in zwei Reihen gegenüber, in zwei Reihen hintereinander oder auch im Kreuz zu viert oder acht getanzt werden.

Bedeutung: Das aufeinander zu und voneinander weg Schreiten verhilft zu einem aufrechten Gang. So entsteht ein konzentrierter und gleichzeitig wendiger Schritt und eine ebensolche Bewegung in der Gruppe.

Tänze zu Themen aus der Natur

Earth Grin (Das Lächeln der Erde)

Quelle: *Earth Grin*, Musik von Alvin Kramer, Findhorn Foundation, Forres, Schottland, 1982, IV 36 OTZ, »Canon – Findhorn's Tune« (zu beziehen auch über Greuth Hof, 8966 Kimratshofen)

Position: auf der Kreislinie, Gesicht zur Mitte, übliche Handfassung

Schritte: rechts-links-rechts, links-rechts-links im Tempo: kurz-kurz-lang, kurz-kurz-lang.
Zunächst gehen die Schritte im Bogen in den Kreis (rechts, links, rechts)↘↗um dann im spitzen Winkel wieder auf die Kreislinie zurückzugehen (links, rechts, links)↘...↗↘

Tanzform:

Didaktisches: Besonders zu beachten ist der erste linke Schritt beim Hinausgehen aus dem Kreis, also der Übergang vom Bogen zur Geraden. Es ist wichtig, daß die Tänzer den Wechselschritt beherrschen. Dann wird die Tanzrichtung eingeübt, und zum Schluß wird »der Pfiff« des wichtigen linken Schritts berücksichtigt.

Bedeutung: Die Tanzform versinnbildlicht eine Sonnenblume, die auch als Symbol für »Mutter Erde« steht. Die Leichtigkeit der Melodie und des Wechselschritts soll das »Lächeln der Erde« ausdrücken.

Vollmond

Quelle: *Music Mantras 2*, Johannes Walter Musik Produktion, 1985, Vertrieb: Verlag Hermann Bauer; Freiburg, »Milky Way II«

Position: eng zusammenstehend in der Kreismitte, Gesicht zur Mitte, Arme nach unten, übliche Handfassung

Schritte: sehr langsame Schritte gegensonnen, wobei der rechte Fuß zur Kreislinie zeigt, während der linke Fuß zur Mitte weist und immer nachgesetzt wird. Für jede Form werden etwa zwölf Schritte gesetzt: rechts vor auf der Kreislinie, links an (Fußspitze zur Mitte zeigend) ... Der Schritt bleibt gleich, nur die Handfassung ändert sich:
- Handfassung eng auf der inneren Kreislinie;
- auf die äußere Kreislinie schreiten, bis die Arme weit gespannt sind;
- Hände auf die Unterarme der Nachbarn legen: Die rechte Hand liegt vorn auf dem linken Unterarm des rechten Nachbarn, die linke Hand liegt hinten auf dem rechten Unterarm des linken Nachbarn.
- Die Hände rutschen in derselben Weise auf die Oberarme der Nachbarn. Dadurch wird der Kreis etwas kleiner.
- Die Hände werden in derselben Weise auf die Schultern der Nachbarn gelegt, wobei die Arme angewinkelt sind.
- Arme senken, übliche Handfassung, langsam zur inneren Kreislinie gehen,
- auf der inneren Kreislinie eng nebeneinander gehen.

Vor- und Nachspiel: Wasserrauschen. Dabei am Platz sanft bewegen.

Tanzform:

Didaktisches: auf gleichmäßige und ruhige Bewegung achten

Bedeutung: Der rechte Fuß bewirkt das Vorwärtsgehen und erinnert daran, daß der Mond seine Gestalt verändert. Dies wird unterstützt durch die unterschiedlichen Arm- und Handhaltungen.

Der linke Fuß deutet die Himmelsrichtung an. Die immer runde Form, die die Gruppe bildet, weist auf den Mond in seinen unterschiedlichen Phasen hin.

Spuren

Quelle: *Kitaro in Person*, Digital, Kuckuck 054, Seite A zweiter Teil des ersten Stücks, 1982.

Position: auf der Kreislinie, Gesicht zur Mitte, übliche Handfassung

Schritte: Die Musik beginnt mit Meeresrauschen und einer Melodie im Viervierteltakt. Jeder erste Schritt des Taktes wird gegangen.
Rechts setzt vor zur Kreismitte, links setzt etwas zurück. So kommt man in acht solchen Paarschritten bis zur Kreismitte.
Beim achten Mal den linken Fuß nicht wie bisher zurück- sondern ansetzen und nun den rechten Fuß nach hinten setzen.
Jetzt geht der Paarschritt rückwärts: rechts setzt zurück, links setzt etwas davor und so weiter.
Das achte Paar: rechts zurück, links an, dann wieder vorwärts.
Durch diesen Schritt entsteht eine wellenförmige Bewegung in der Gruppe.

Vorspiel: etwa sechs Schritte zum Einhören

Tanzform:

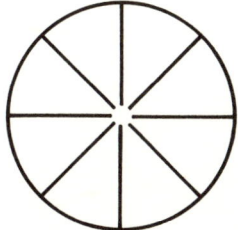

Didaktisches: Die Schultern sollten möglichst locker sein, damit die Arme mit dem Körper mitschwingen können. Wenn die Tänzer mit dem Rückwärtsgehen beginnen, erfolgt ein Richtungswechsel in der Welle. Dasselbe geschieht beim Vorwärtsgehen. Beachten!

Bedeutung: Mit diesem Schritt soll angedeutet werden, daß man Spuren im Sand am Meeresufer geht. Die Bewegung der Tänzer entspricht der Wellenbewegung.

197

Baumtanz

Quelle: *Mantras – Music For Meditation*, VOL. 9 Polydor 827480, Seite A, »Whale«, 1985

Position: linke Schulter zeigt etwas zur Mitte, übliche Handfassung

Schritte: *Erster Teil* (Hauptmelodie): gegensonnen auf der Kreislinie schreiten.
Zweiter Teil (sehr ruhige Melodie mit Vogelgezwitscher): mit erhobenen Armen mitsonnen im Gleitschritt (links seit, rechts an).
Dritter Teil (Übergang zur Anfangsmelodie, aber tiefer): angefaßt mit vier Schritten auf den Baum in der Mitte zugehen (rechts, links, rechts, links) und dann wieder (rückwärts) nach außen (rechts, links, rechts, links). Beim Hineingehen die Arme etwas zur Mitte hin strekken, beim Hinausgehen Arme wieder senken.
Vierter Teil (wie Anfangsmelodie): Jeder Tänzer geht einzeln mit geöffneten Händen auf die Mitte zu (rechts, links, rechts, links), dann mit vier Schritten rückwärts aus der Mitte, wobei die Arme gesenkt werden (rechts, links, rechts, links).
Fünfter Teil: Mit dem vierten Schritt in der Mitte verbeugen sich die Tänzer leicht. Zum Schluß fassen sie sich an und verneigen sich leicht.

Vorspiel: Vogelgezwitscher, ein Ton und Auftakt

Tanzform:

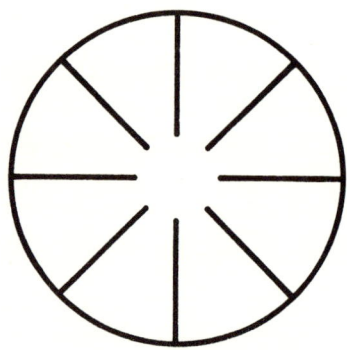

Didaktisches: auf die Melodieübergänge achten und jeden neuen Teil deutlich beginnen. Langsam und weich schreiten.

Bedeutung: Begegnung mit einem Baum
    Erster Teil: Umkreisen des Baumes
    Zweiter Teil: Die Sonnenstrahlen (erhobene Arme) scheinen auf den Baum
    Dritter Teil: Der Baum wird begrüßt
    Vierter Teil: Bitte um Gedeihen und Dank an den Baum.
    Fünfter Teil: Verabschiedung

Lied der Erde

Quelle: *Geist des Friedens*, Popol Vuh, Verlag Hermann Bauer, Freiburg, »Lied der Erde«, 1985.

Position: auf der Kreislinie, Gesicht zur Mitte, übliche Handfassung

Schritte: vier Schritte vor und dabei die angefaßten Arme etwas zum Segnen heben (rechts, links, rechts, links); vier Schritte zurück, Arme senken (rechts, links, rechts, links); drei Schritte vor, Arme segnend heben (rechts, links, rechts); drei Schritte zurück, Arme senken (links, rechts, links); zwei Schritte vor, Arme segnend heben (rechts, links); zwei Schritte zurück, Arme senken (rechts, links); einen Schritt vor, Arme segnend heben (rechts); einen Schritt zurück, Arme senken (links); zwei Schritte gegensonnen (rechts, links); dabei die Arme hinter dem Rücken kreuzen und die Hände der Nachbarn fassen; vier Schritte zur Mitte, dabei die Arme auf dem Rücken verschränken (rechter Arm nach rechts hinter den rechten Nachbarn, linken Arm über den rechten Arm des linken Nachbarn heben); vier Seitschritte (rechts seit, links an . . .); vier Schritte zurück auf die äußere Kreislinie, dabei die Arme lösen und die übliche Handfassung einnehmen.

Vorspiel: vier Takte mit je vier Einheiten

Nachspiel: Beim Ausklingen der Musik gehen die Tänzer auf die äußere Kreislinie und schwingen am Platz.

Tanzform:

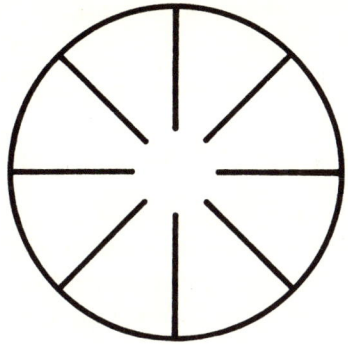

Didaktisches: Dieser Tanz wird sehr langsam getanzt, der Rhythmus ist gleichbleibend, was zur Folge hat, daß die Tänzer in tiefe Ruhe kommen.

Bedeutung: Dies ist ein Tanz für die Erde.

Sonne

Quelle: Cicada, Deuter, Kuckuck Nr. 056, 1982, Seite A, Drittes Stück

Position: auf der Kreislinie, übliche Handfassung, Gesicht zur Mitte

Schritte: zwei Schritte gegensonnen rechts, links; dann den rechten Fuß aus der Kreislinie heraussetzen (Körper zur Mitte gewendet), den linken Fuß auf die Kreislinie setzen.

Tanzform:

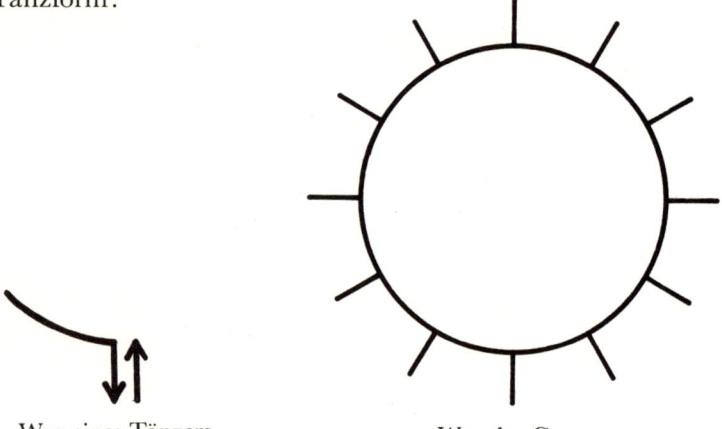

Weg eines Tänzers   Weg der Gruppe

Didaktisches: Den Schritt kurz üben, kann gleich mitgetanzt werden.

Bedeutung: Die Kreisform soll die Sonne ausdrücken, die ihre Strahlen nach außen richtet (rechter Fuß über die Kreislinie hinaus). Der Körperschwung, der in der Gruppe entsteht, deutet ebenfalls die Sonne an.

Strahlen der Sonne

Quelle: *Classic Fantasy*, Anugama, Meistersinger Musikproduktion, 1986, MC 930, »Quartett für Violine, Bratsche, Cello und Flöte in D-Dur«, W. A. Mozart

Position: auf der Kreislinie, Gesicht zur Mitte, übliche Handfassung

Schritte: sechs Schritte gegensonnen;
   drei Schritte in den Kreis und aus dem Kreis;
   sechs Schritte gegensonnen;
   drei Schritte aus dem Kreis und in den Kreis.

Vorspiel: zwölf Schritte

Tanzform:

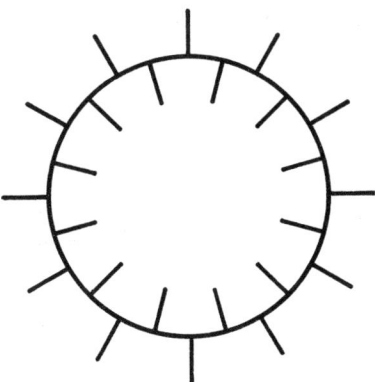

Didaktisches: Der Rhythmus ist gleichbleibend, der Schritt kann leicht gelernt werden. Ein Tanz für Anfänger.

Bedeutung: Die Tanzform zeichnet die Sonne nach.

Anmerkung: Anugama interpretiert Mozart so, daß er den Rhythmus der Musik auf die Herztöne des Menschen abstimmt. Dadurch entsteht ein besonderes Gleichmaß, das den Tänzern Ruhe, Sicherheit und Frieden gibt.

Sternentanz

Quelle: *Classic Fantasy*, Anugama, Meistersinger Musikproduktion, 1986, MC 930,»Siciliano«, zweiter Satz aus der
Sonate für Flöte und Cembalo in Es-Dur, J. S. Bach

Position: auf der Kreislinie, Gesicht zur Mitte, übliche Handfassung

Schritte: vier Schritte gegensonnen;
  vier Schritte zur Kreismitte;
  vier Schritte mitsonnen, dabei die Handfassung lösen
  und den rechten Arm zur Mitte ausstrecken;
  Wendung mitsonnen;
  vier Schritte gegensonnen, dabei den linken Arm zur
  Mitte ausstrecken;
  vier Schritte rückwärts zur äußeren Kreislinie;
  zwei Schritte gegensonnen vorwärts;
  zwei Schritte auf der äußeren Kreislinie rückwärts.

Vorspiel: zwei Melodieeinheiten von zwölf langsamen (oder
  vierundzwanzig schnellen) Schritten

Tanzform:

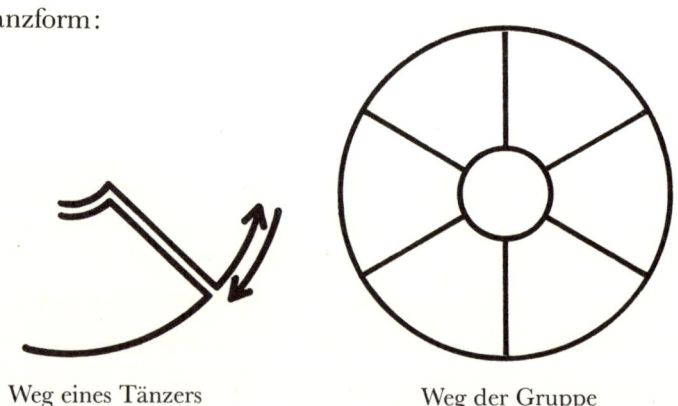

Weg eines Tänzers   Weg der Gruppe

Didaktisches: Dieser Tanz wird mit zügigen kleinen Schritten gegangen. Die Form wird zunächst so lange geübt, bis sie klar ist. Die flüssigen Armbewegungen spielen bei diesem Tanz eine besondere Rolle. Der Zwölferschritt kann Anlaß sein, etwas über die Bedeutung der Zahl Zwölf zu sagen (siehe Seite 45).

Bedeutung: Das Schreiten (vorwärts/mitsonnen) auf der inneren Kreislinie und die Schritte rückwärts auf der äußeren Kreislinie sollen die Rückläufigkeit von Sternen und Planeten andeuten. Die helle Musik erweckt die Vorstellung von Galaxien.

Anmerkung: Anugama interpretiert Bach so, daß er den Rhythmus der Musik auf die Herztöne des Menschen abstimmt (siehe auch Anmerkung auf Seite 203).

Wellentanz (Tuchtanz)

Quelle: *Land of Enchantment*, Deuter, Kuckuck, LC 2099, MC 081, 1988, Seite A, letztes Stück

Position: auf der Kreislinie, Gesicht zur Mitte, mit um die Handgelenke gebundenen Tüchern, angefaßt

Schritte: vier Schritte zur Mitte (vorwärts);
vier Schritte aus der Mitte (rückwärts), dabei fast unmerklich etwas gegensonnen.
Die ersten vier Schritte schräg zur Mitte vor: rechts vor, dabei Tücher nach vorn und Körper nach hinten neigen; links vor, dabei Tücher nach hinten schwingen und Körper nach vorn neigen;
rechts vor ...
links vor ...
rechts zurück, Tücher nach vorn, Körper nach hinten;
links zurück, Tücher nach hinten, Körper nach vorn;
rechts zurück ...
links zurück ...

Tanzform:

Bedeutung: Das Schwingen der Tücher und gegenläufiges Schwingen der Körper soll die Wellenbewegung ausdrücken.

Der Mond ist aufgegangen

Quelle: *Lieder zum Mitsingen 3*, tyd-Verlag, Düsseldorf, tvd-LP 8201, Seite B. letztes Stück; MC 8201 (Kassette)

Position: auf der Kreislinie, Gesicht zur Mitte, einzeln stehend

Schritte: zur Melodie: vier Schritte vorwärts zur Mitte (langsames Tempo);
vier Schritte rückwärts zurück;
vier Schritte vor;
vier Schritte zurück;
vier Schritte vor;
vier Schritte zurück.
Erstes Zwischenspiel: vier Schritte gegensonnen;
zweites Zwischenspiel: zwei Schritte gegensonnen;
drittes Zwischenspiel: acht Schritte gegensonnen.
Bei den Schritten vorwärts hebt man die Arme und berührt die Hände der Nachbarn beim dritten und vierten Schritt behutsam. Beim Zurückgehen löst man die Hände nach dem zweiten Schritt wieder.

Vorspiel: acht langsame Einheiten instrumental (am Platz), einen Ton Auftakt

Aufbau der Musik: Auftakt (ein Ton),
acht langsame Einheiten instrumental (Vorspiel),
erste Strophe gesungen (Melodie),
erstes Zwischenspiel instrumental,
zweite Strophe instrumental (Melodie),
zweites Zwischenspiel instrumental,
dritte Strophe instrumental (Melodie),
drittes Zwischenspiel instrumental.

Tanzform:

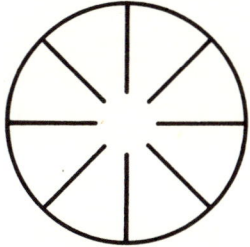

207

Bedeutung: Das unangefaßte Bewegen in den Kreis mit der kurzen Berührung und das Lösen aus der Berührung soll den Nebel und das Aufgehen des Mondes ausdrücken. Das Schreiten gegensonnen drückt die Form des Mondes aus.

Tänze für ältere Menschen

Tanz der Oboe (Kerzentanz)

Quelle: *Musik für Oboe und Gitarre*, Christophorus-Verlag, Freiburg, SCGLX 73975, Sonate a-Moll »Siziliana«, Georg Philipp Telemann (1681–1767), 1982

Position: auf der Kreislinie, Gesicht zur Mitte, übliche Handfassung

Schritte: vier Anstellschritte zur Mitte (rechts vor, links an; links vor, rechts an; rechts vor, links an; links vor, rechts an);
vier Anstellschritte aus der Mitte (rechts zurück, links an; links zurück, rechts an; rechts zurück, links an; links zurück, rechts an);
linke Schulter zur Kreismitte und acht Anstellschritte gegensonnen schreiten (rechts vor, links an ...)

Vorspiel: Auftakt

Tanzform:

Didaktisches: Sehr langsam schreiten. Der Tanz kann auch mit Kerzen getanzt werden. Man hält die Kerze in der linken Hand und berührt seinen rechten Nachbarn sanft mit der rechten Hand an dessen linkem Arm oder an seiner linken Schulter.

209

Lob und Preis (Kerzentanz)

Quelle: Orchestersuiten Nr. 2 & 3, EMI 1C 037, Nr. 1014071
Rondeau aus der Suite für Orchester Nr. 2, J.S. Bach
BWV 1067, 1961

Position: auf der Kreislinie, Gesicht zur Mitte, übliche Handfassung

Schritte: rechts vor, links vor, rechts seit, links an;
rechts zurück, links zurück, rechts seit, links an

Vorspiel: acht Schritte

Tanzform:

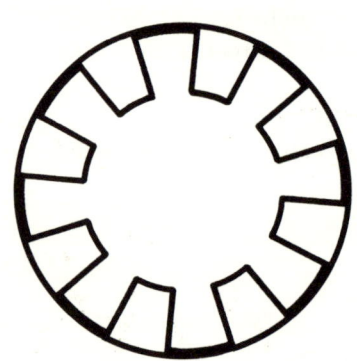

Didaktisches: Dieser Tanz kann auch mit Kerzen getanzt
werden. Dann nimmt man die Kerze in die rechte Hand
und legt seine linke Hand sanft auf den unteren Rücken
des linken Partners, indem man den Arm ganz aus-
streckt.

Rosette (Kerzentanz)

Quelle: *Musik für Oboe und Orgel*, Carus-Verlag, FSM 53121,
»Partita d-Moll, Largo«, Johann Wilhelm Hertel
(1727–1789), 1978

Position: auf der Kreislinie, Gesicht zur Mitte, übliche Handfassung

Schritte: mit sechs Schritten gegensonnen einen Bogen in den
Kreis beschreiben: Dazu setzt man drei Schritte vorwärts
(rechts, links, rechts), kreuzt den linken Fuß hinter dem
rechten und setzt den fünften und sechsten Schritt zurück (rechts, links).

Vorspiel: zwölf Schritte

Tanzform:

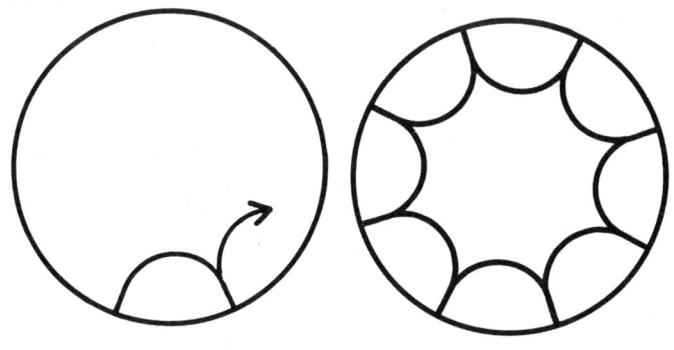

Weg eines Tänzers   Weg der Gruppe

Didaktisches: Den Bogen möglichst fließend schreiten. Dieser
Tanz kann auch mit Kerzen getanzt werden. Dann faßt
man sich entweder nicht an oder man berührt mit der
linken Hand (ausgestreckter Arm) den linken Partner
sanft am Rücken, während man die Kerze in der rechten
Hand hält.
Darauf achten, daß der Weg in die Mitte genau auf der
Linie verläuft, auf der man aus der Mitte gegangen ist.
Ebenfalls darauf achten, daß man beim Hineingehen in
die Mitte den Bogen geht, so daß man bei jeder Sequenz
ein wenig gegensonnen vorantanzt.

211

Kanontänze

Herr, bleibe bei uns

Quelle: *Gotteslob. Katholisches Gebet- und Gesangbuch,* Herder
Verlag, Freiburg, 1975, Seite 50, »Herr, bleibe bei uns«,
dreistimmiger Kanon von Albert Thate (1935)

Position: alle stehen mit dem Gesicht zur Kreismitte, unangefaßt, abwechselnd erste, zweite und dritte Stimme usw.

Schritte: *Erste Stimme:* mit vier Schritten in die Kreismitte:
rechts, links, rechts, links.
Zweite Stimme: mit vier Schritten aus der Kreismitte:
rechts, links, rechts, links.
Dritte Stimme: mit acht Schritten gegensonnen auf den
nächsten Platz der eigenen Stimme, rechts beginnt.
Zunächst aber singen alle einstimmig und tanzen angefaßt. An der Stelle, an der später die dritte Stimme einsetzt, bewegen sich die Tänzer gegensonnen auf der
Kreislinie und lassen dann los zum Kanontanz.

Tanzform:

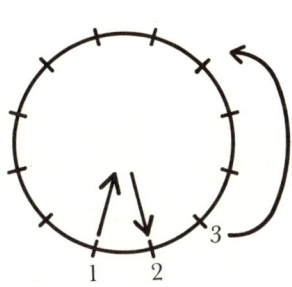

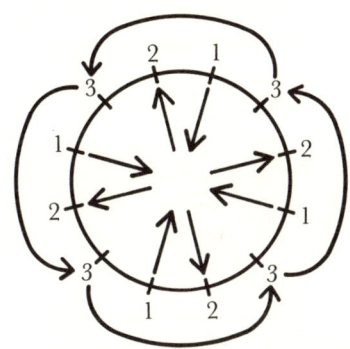

Weg eines Tänzers in
allen drei Stimmen

Dreistimmiger Weg bei
12 Tänzern

Didaktisches: »Herr« ist Auftakt. Die Kreuze über den No-
tenzeilen geben an, wo Schritte gesetzt werden.
Zunächst wird geklärt, wie die drei Stimmen zusammen-
gesetzt sind. Dann wird einstimmig geübt, damit die
Tänzer, die dann im Kanon ihren Weg allein gehen, ein
Raumgefühl bekommen. Es ist gut, wenn sich die Tänzer, die zu derselben Stimme gehören, vorher genau betrachten und sich immer als Gruppe verstehen. So haben
sie eine Orientierungsmöglichkeit.

Bedeutung: Die Tanzform ist vergleichbar mit einer Blüte, die
sich öffnet oder schließt. Damit soll der Abend angedeutet werden.

213

Danket, danket dem Herrn

Quelle: *Das bunte Boot*, Freiburg, 1966, dritte Auflage, »Danket, danket dem Herrn«, Psalm 107,1; vierstimmiger Kanon

1. Dan - ket, dan - ket dem Herrn,
2. denn er ist sehr freund - lich, sei - ne
4. Güt' und Wahr - heit wäh - ret e - wig - lich

Position: Die Tänzer stehen auf der äußeren Kreislinie, in vier Gruppen aufgeteilt, so daß sich jeweils zwei Gruppen gegenüberstehen und in etwa die Form eines Kreuzes entsteht.

Schritte: Erste Stimme (Gruppe A): vier Schritte vor (rechts, links, rechts, links) ↑.
Zweite Stimme (Gruppe B): vier Schritte zurück (rechts, links, rechts, links) ↓.
Dritte Stimme (Gruppe C): rechts seit, links an; links seit, rechts an ↔.
Vierte Stimme (Gruppe D): zwei Schritte zurück (rechts, links) und zwei Schritte vor (rechts, links). ↓↑ ↓↑

Tanzform:

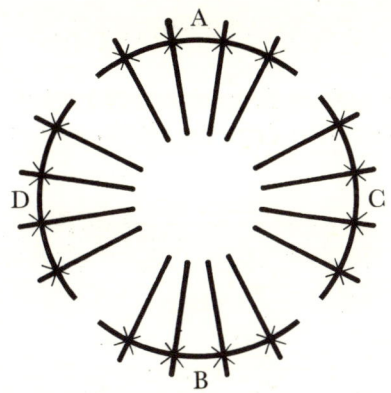

Didaktisches: Der Tanz ist so einfach, daß die Tänzer den
Leiter gleich nachahmen und mittanzen können. Eintei-
lung in vier Stimmen auf der Kreislinie; die gleichen
Stimmen fassen sich an. Ablauf: Alle tanzen gemeinsam
einstimmig; der vierstimmige Kanon wird dreimal getanzt; alle tanzen gemeinsam einstimmig. Der Leiter
tanzt in der ersten oder in der vierten Stimme mit. Beim
vierstimmigen Tanzen tanzt jede Stimme die Schritte der
vierten Stimme und bleibt dann stehen, so daß der
Kanon ausläuft.

Halleluja

Quelle: Taizé. Liederbuch *Lobet den Herrn*, Band IV, A-8081 Heiligenkreuz a. Waasen, »Halleluja«, zweistimmiger Kanon

Position: Die Tänzer stehen in zwei Kreisen ineinander, Gesicht zur Mitte, übliche Handfassung

Schritte: *Erste Stimme* (Innenkreis beginnt): gegensonnen mit angefaßten und erhobenen Armen schreiten; *zweite Stimme:* unangefaßt mitsonnen klatschend schreiten.

Tanzform:

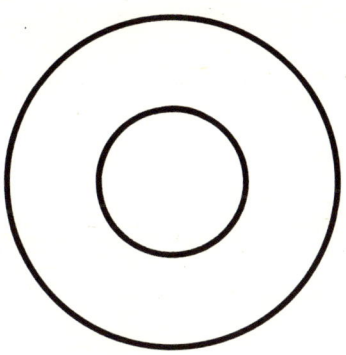

Weg der Gruppe

Didaktisches: Der Kanon wird zunächst im Stehen gesungen. Beim Tanzen darauf achten, daß die Arme wirklich erhoben sind und daß am Ende der ersten Stimme der Körper zur Mitte gewendet steht, so daß die zweite Stimme sofort mitsonnen beginnen kann. Deutlich klatschen, laut und im Rhythmus der Schritte.
Tempo Erste Stimme: pro Silbe ein Schritt
Tempo Zweite Stimme: pro zwei Silben ein Schritt

Bedeutung: Der Richtungswechsel und das Gehen mitsonnen, in Richtung der Sonne also, unterstützt den Sinn des »Halleluja« (Laßt uns Gott loben!). Daher auch auf das echte, freudige Klatschen achten. Die erhobenen Arme deuten eine Krone an.

Sende dein Licht und deine Wahrheit

Quelle: Liederbuch *Ein neues Lied*, Burckhardthausverlag, Berlin, 1936 und Liederheft *Für die Jugend*, Quellverlag, Stuttgart, 1969, Seite 301, »Sende dein Licht und deine Wahrheit«, dreistimmiger Kanon nach Psalm 43,3

1. Sen - de dein Licht und dei - ne Wahr - heit,
2. daß sie mich lei - ten zu dei - ner Woh - nung,
3. und ich dir dan - ke, daß du mir hilfst.

Position: auf der Kreislinie stehend in gleichen Abständen, Gesicht zur Mitte, zu dritt durchzählen

Schritte: *erste Stimme:* vier Schritte zur Mitte, rechts beginnt;
zweite Stimme: vier Schritte aus der Mitte, rechts beginnt;
dritte Stimme: mit zwölf Schritten über die Kreismitte in einem Bogen gegensonnen auf den Platz des nächsten Tänzers derselben Stimme.

Tanzform:

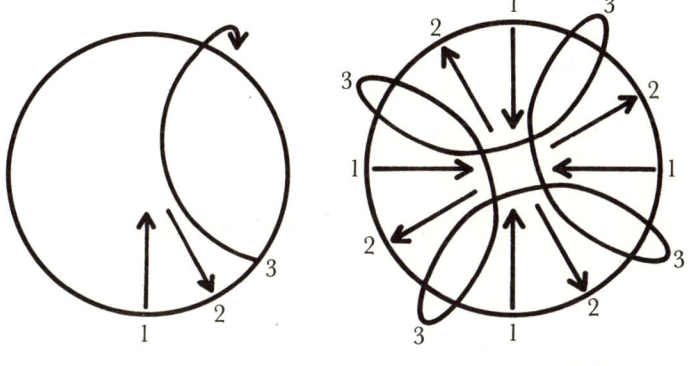

Weg eines Tänzers   Weg der Gruppe

Didaktisches: Sehr langsam, da in der dritten Stimme jeder Taktschritt gegangen wird. Am Anfang und am Ende kann man den Kanon einstimmig gesungen gegensonnen schreiten. Erste und zweite Stimme sehr langsam tanzen (drei Viertelnoten sind ein Schritt), dritte Stimme mit schnellen, kurzen Schritten tanzen (eine Viertelnote ist ein Schritt).

Jubilate Deo

Quelle: unbekannt, dreistimmiger Kanon (Praetorius)

Ju - bi - la - te Deo, ju - bi - la - te De - o,

Hal - le - lu - jah!

Position: alle Tänzer stehen auf der äußeren Kreislinie und
zählen zu dritt durch

Schritte: *erste Stimme:* vier Schritte innerhalb der äußeren
Kreislinie gegensonnen auf den Platz des nächsten Tänzers der ersten Stimme;
zweite Stimme: vier Schritte mitsonnen um sich selbst in
einem kleinen Kreis;
dritte Stimme: rechts seit, links seit, rechts seit, links seit,
dabei die Arme heben und zum Schluß senken.

Tanzform:

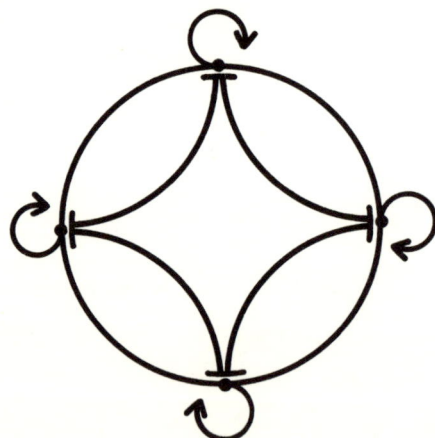

Didaktisches: Zunächst tanzen alle den Kanon einstimmig.
Erst wenn er allen Tänzern vertraut ist, wird im Kanon
getanzt. Vorher muß der Leiter noch einmal prüfen, ob
jeder Tänzer weiß, wer zu seiner Stimme gehört.

Lobet und preiset, ihr Völker, den Herrn

Quelle: *Ein klingend Rad,* Lahr/Baden, 1952, »Lobet und preiset, ihr Völker, den Herrn«, dreistimmiger Kanon,
mündlich überliefert

1. Lo - bet und prei - set, ihr Völ - ker, den Herrn,
2. freu - et euch sei - ner und die - net ihm gern;
3. all ihr Völ - ker, lo - bet den Herrn!

Position: in drei Kreisen ineinander stehend: Innenkreis mindestens drei Teilnehmer, mittlerer Kreis mindestens fünf
Teilnehmer, Außenkreis mindestens neun Teilnehmer,
insgesamt mindestens siebzehn Teilnehmer

Schritte: *erste Stimme:* vier Schritte gegensonnen: rechts, links,
rechts, links;
zweite Stimme: rechts seit, links seit, rechts seit, links seit,
dabei Arme heben und senken;
dritte Stimme: rechts vor, links auf Kreislinie, rechts vor,
links auf Kreislinie, dabei Arme sanft ein wenig heben.

Tanzform:

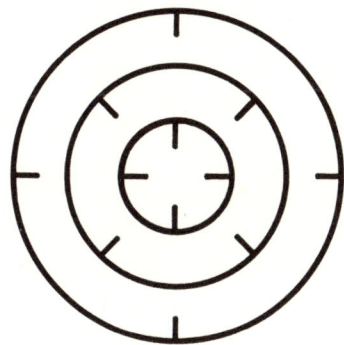

Didaktisches: Der Kanon kann in einem Kreis einstimmig getanzt werden, falls zu wenig Teilnehmer da sind. Bei mindestens siebzehn Teilnehmern können drei Kreise gebildet werden. Zunächst tanzen alle einstimmig und in derselben Richtung. Danach beginnt der Innenkreis mit der ersten Stimme, dann folgt der mittlere Kreis und zuletzt der Außenkreis.

Am Ende tanzen alle drei Kreise in derselben Richtung wieder einstimmig. Der Leiter sollte im Innenkreis tanzen, um die Länge des Tanzes bestimmen zu können.

Ave Maria (Kerzentanz)

Quelle: *Verherrlicht unsern Gott,* Kassette, herausgegeben von
der Cursillo Arbeitsgemeinschaft Deutschland, Tulpen-
weg 44, 8012 Riemerling in Zusammenarbeit mit der
Missionsprokura der Claretiner, Virchowstraße 20,
Würzburg,»Ave Maria«, dreistimmiger Kanon, 1984

Position: auf der äußeren Kreislinie unangefaßt stehend, zu
dritt durchzählen, Gesicht zur Kreismitte

Schritte: *erste Stimme:* mit sechzehn Schritten gegensonnen
schreiten (viermal»Ave Maria«);
zweite Stimme: zwei Schritte zur Mitte, einen zurück,
einen vor (viermal);
dritte Stimme: die innere Mitte umkreisen mit sechsmal
rechts seit, links an und mit vier Schritten zurück auf die
äußere Kreislinie.

Tanzform:

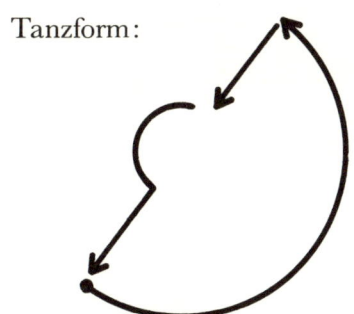

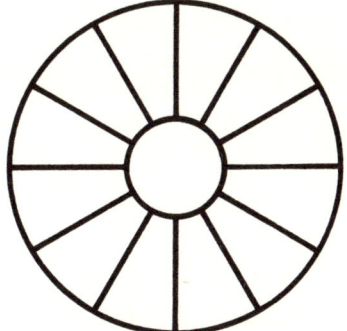

Weg eines Tänzers   Weg der Gruppe

Didaktisches: Die sechzehn Schritte der ersten Stimme so tanzen, daß der fünfzehnte Schritt auf die Kreislinie mit
dem Gesicht zur Mitte gesetzt und der sechzehnte Schritt
angestellt wird.
Die Schritte der zweiten Stimme schwingend tanzen. Die
Seitschritte der dritten Stimme auf der inneren Kreislinie
kann man angefaßt tanzen, man muß aber rechtzeitig
loslassen, damit man zu den letzten beiden »Ave Maria«
auf die äußere Kreislinie zurückgehen kann. Hält man
Kerzen, so nimmt man diese in die rechte Hand.

Dona nobis pacem (Kerzentanz)

Quelle: *Ein klingend Rad*, Lahr/Baden, 1952, »Dona nobis pacem«, dreistimmiger Kanon; Handbells, Dr. Roether Verlag, 7803 Gundelfingen (Kassette)

Do - na no - bis pa - cem, pa - cem:

do - na no - bis pa - - - cem.

Do - na no - bis pa - cem, do - na

no - bis pa - - - cem. Do - na no - bis

pa - cem, do - na no - bis pa - - - cem.

Position: auf der äußeren Kreislinie, unangefaßt, Gesicht zur Mitte, zu dritt durchzählen

Schritte: *erste Stimme:* vor, vor, zurück (viermal), dann im Innenkreis anfassen, dann auf der inneren Kreislinie rechts seit, links an (sechsmal);
zweite Stimme: zurück, zurück, vor (viermal) und mit zwölf Schritten gegensonnen auf der äußeren Kreislinie zum Ausgangsplatz der eigenen Stimme;
dritte Stimme: auf der äußeren Kreislinie gegensonnen: vor, vor, zurück (zweimal), um die rechte Schulter und im Halbbogen außerhalb des Kreises mit sechs Schritten auf den Ausgangsplatz;
auf der äußeren Kreislinie mitsonnen: vor, vor, zurück (zweimal), um die linke Schulter und im Halbbogen außerhalb des Kreises mit sechs Schritten auf den Ausgangsplatz.

224

Tanzform:

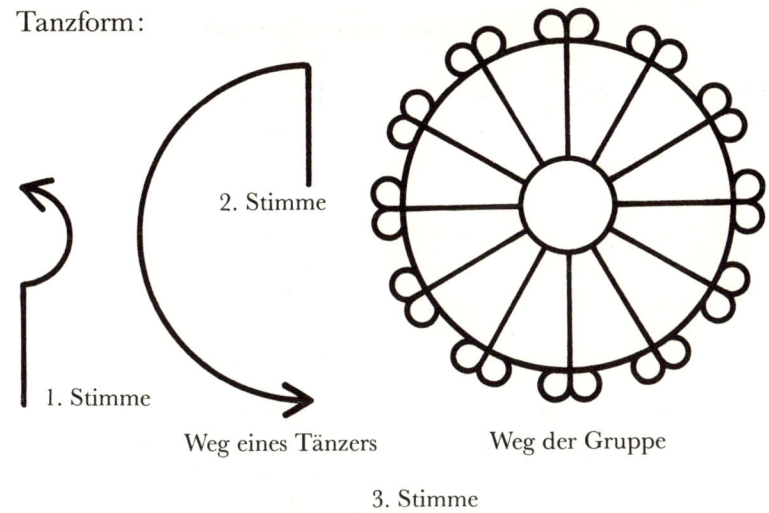

2. Stimme

1. Stimme

Weg eines Tänzers   Weg der Gruppe

3. Stimme

Didaktisches: Der Tanz kann einstimmig gelernt und getanzt werden. Erst wenn alle Tänzer ihn sicher beherrschen, kann er dreistimmig getanzt werden, und erst wenn er dreistimmig sicher getanzt wird, können Kerzen hinzugenommen werden.
Die Musik auf der Kassette ist besonders schön, weil hier eine Handglocke, eine Sopranstimme und eine Altflöte die drei Stimmen übernehmen. Man kann zu dieser Musik singen, muß aber nicht.

225

Tänze zu Themen des Lebens

Begrüßungstanz

Quelle: *Hava nagila* (Lieder und Tänze aus Israel), ARC GmbH, Reinbek, EULP 1052, »Tapuach Chenani« (Kleiner schöner Apfel) (Diese Melodie stammt aus dem Mittelmeerraum.)

Position: auf der Kreislinie, Gesicht zur Mitte, übliche Handfassung

Schritte: zwei Schritte in Richtung Kreismitte (rechts, links), zwei Schritte aus der Kreismitte (rechts, links), Seitschritt (rechts seit, links an)

Vorspiel: achtzehn Schritte

Tanzform:

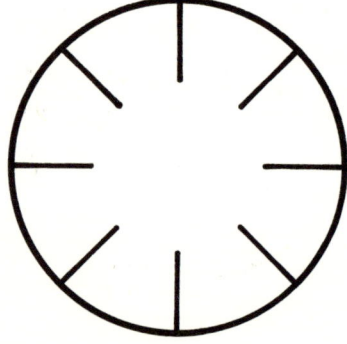

Didaktisches: Für Anfänger geeignet, da die Schritte sehr einfach sind. Der Tanz deutet den Weg des Miteinander in der Gruppe an: Man geht aufeinander zu, geht voneinander weg und geht weiter. Man kann sich in der Mitte ansehen und begrüßen. Langes Üben ist nicht notwendig, auf langsamen Schritt achten.

Segensgruß

Quelle: *Shalom, Folklore und neue Songs aus Israel*, Calig, München, CAL 30594, »Beshana Haba'a« (im kommenden Jahr), 1979

Position: auf der Kreislinie, Gesicht zur Mitte, übliche Handfassung

Schritte: links kreuzt vor rechts, rechts seit, links kreuzt hinter rechts, rechts seit (sechsmal);
links vor zur Kreismitte, rechts vor, links vor, rechts tippt; rechts zurück, links zurück, rechts zurück, links tippt (viermal). Das Ganze wiederholen. Zum Schluß zweimal die Kreuzsequenz. Achtung: Der Tanz beginnt immer links.

Vorspiel: sechzehn Schritte

Tanzform:

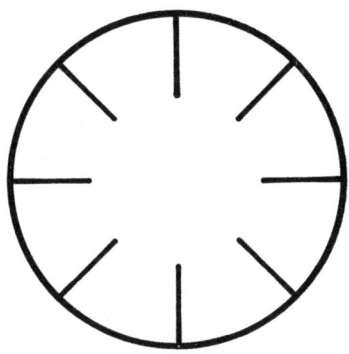

Didaktisches: Den Kreuzschritt mit der jeweiligen Körperrichtung üben. Der Körper wird durch den linken Kreuzschritt in die entsprechende Richtung gedreht: links kreuzt vor rechts = Körper zeigt nach rechts; links kreuzt hinter rechts = Körper zeigt nach links. Linken Fuß betonen und einknicken.
Der »Pfiff« liegt auf dem rechten Tipp-Schritt in der Kreismitte, wenn man nach dem Tippen wieder rechts

rückwärts setzt. Ebenso setzt man nach dem linken
Tipp-Schritt, wenn man aus dem Kreis herauskommt,
auch wieder gleich links (kreuzt vorn).

Bedeutung: »Beshana Haba'a« ist ein alter Segensruf der
Juden während der Passahfeier. Man wünscht sich, im
nächsten Jahr wieder ohne Verfolgung in Jerusalem miteinander in der Familie das Passahfest feiern zu können.
Übersetzung des Liedtextes:
Nächstes Jahr werden wir wieder auf der Veranda sitzen,
und die Vögel werden in den wolkenlosen Himmel flie-
gen.

Yah Ribon

Quelle: *Jewish Soul Music*, Giora Feidman, Klarinette, Hed Arzi, BAN 14 297, 1972, traditionelle Melodie

Position: auf der Kreislinie, Gesicht zur Mitte, übliche Handfassung

Schritte: Wechselschritt zur Kreismitte: rechts (kurz), links (kurz), rechts (lang) und links (kurz), rechts (kurz), links (lang) und genauso wieder zurück; dieses wiederholen; zweimal gegensonnen: vier Schritte vorwärts, zwei Schritte rückwärts, zwei Schritte vorwärts; Wechselschritt wie oben, insgesamt dreimal; zweimal gegensonnen: vier Schritte vorwärts, zwei Schritte rückwärts, zwei Schritte vorwärts; Wechselschritt wie oben, insgesamt dreimal.

Vorspiel: acht Viertelnoten (eine Melodielänge)

Tanzform:

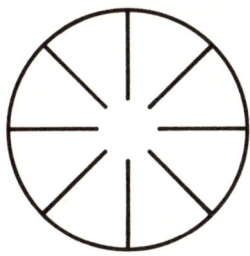

Didaktisches: Den Wechselschritt zur Mitte und zurück kurz üben (rechts, links, rechts und links, rechts, links ... im Tempo kurz, kurz, lang). Der Schritt gegensonnen ist langsam (ein Schritt entspricht einer Viertelnote).

Bedeutung: Yah Ribon (althebräisch) heißt »Gott, der Herr der Welten«. Dieser Tanz eignet sich als Begrüßungstanz.

229

Dank

Quelle: *Flute de Pan et Orgue*, Zamfir et Cellier, Festival FLD 550, Seite B, letztes Stück, 1971

Position: auf der Kreislinie, Gesicht zur Mitte, übliche Handfassung

Schritte: mit vier Schritten, rechts beginnend, nach rechts einen Halbbogen gehen, dann mit vier Schritten rückwärts einen Halbbogen gehen, rechts beginnend. Mit vier Schritten, rechts beginnend, nach links einen Halbbogen gehen, dann mit vier Schritten rückwärts einen Halbbogen gehen, rechts beginnend. Der Körper zeigt jeweils in die Richtung, in die man geht, der jeweils vierte Schritt weist zur Mitte. Der erste, der rechte Schritt zeigt mit dem Körper immer die Richtung an.

Vorspiel: vier Schritte

Tanzform:

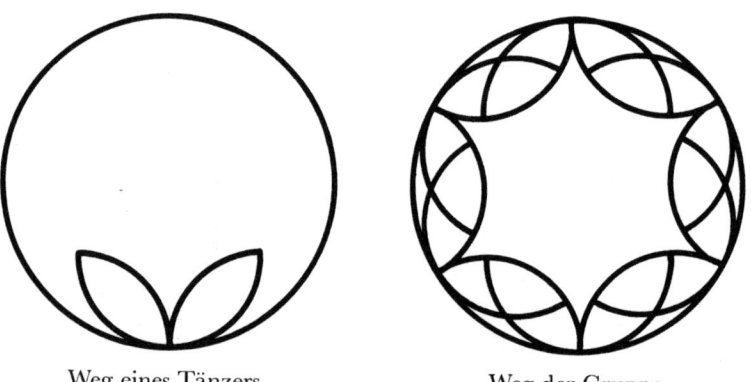

Weg eines Tänzers   Weg der Gruppe

Didaktisches: Darauf achten, daß die beiden Halbkreise sauber gegangen werden.

In der Zeit schreiten

Quelle: *The Swingle Singers Going Baroque*, Philips 840555, »Air« aus der Cembalo-Suite Nr. 5 in E-Dur, Händel

Position: auf der Kreislinie, Gesicht zur Mitte, übliche Handfassung

Schritte: vier Schritte vor: rechts, links, rechts, links;
vier Schritte zurück: rechts, links, rechts, links;
zwei Schritte gegensonnen, auf dem linken Fuß um die linke Schulter eine Drehung von 180 Grad machen und mitsonnen zwei Schritte: rechts, links/rechts, links;
zwei Schritte mitsonnen, auf dem linken Fuß um die rechte Schulter eine Drehung um 180 Grad machen und gegensonnen zwei Schritte: rechts, links/rechts, links;
vier Schritte gegensonnen: rechts, links, rechts, links;
zwei Schritte rückwärts über die äußere Kreislinie hinaus: rechts, links;
zwei Schritte vor auf die äußere Kreislinie: rechts, links.

Vorspiel: acht Schritte

Tanzform:

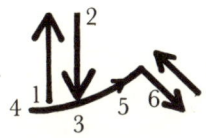

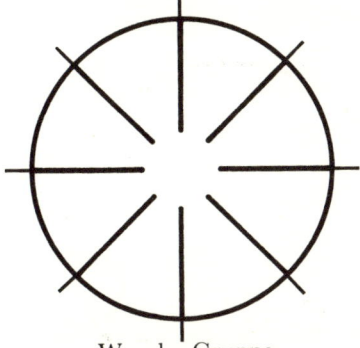

Weg eines Tänzers   Weg der Gruppe

Didaktisches: Es sind drei Teile mit je acht Schritten einzuüben. Der mittlere Teil mit der Körperdrehung genau in die entgegengesetzte Richtung, die jeweils auf dem linken Fuß ausgeführt wird, muß vorher geübt werden.

Bedeutung: Die Musik ist heiter und schreitend. Auch die Zeit schreitet immerzu voran.
»Wir wollen heiter Raum um Raum durchschreiten, an keinem wie an einer Heimat hängen.« Hesse

Glück (siehe auch Seite 59)

Quelle: *Josef Haydn, Streichquartette*, Philips, Nr. 310577, Andante Cantabile aus dem Streichquartett F-Dur, Op. 3,5 »Serenadenquartett« von Roman Hofstetter (1742–1815), Haydn zugeschrieben. Quartetto Italiano, Philips 310577

Position: auf der Kreislinie, Gesicht zur Mitte, übliche Handfassung

Schritte: In acht Schritten geht man einen Kreis vor sich, der sich nach rechts mehr weitet als nach links, so daß man langsam in spiralenartigen Kreisen auf der Kreislinie gegensonnen vorantanzt:
vier Schritte gegensonnen auf einer Kreislinie (rechts, links, rechts, links)↑ ,
der fünfte Schritt (rechts) kreuzt hinter links nach links← sechster, siebter und achter Schritt auf der eigenen Kreislinie rückwärts↲.

Tanzform:

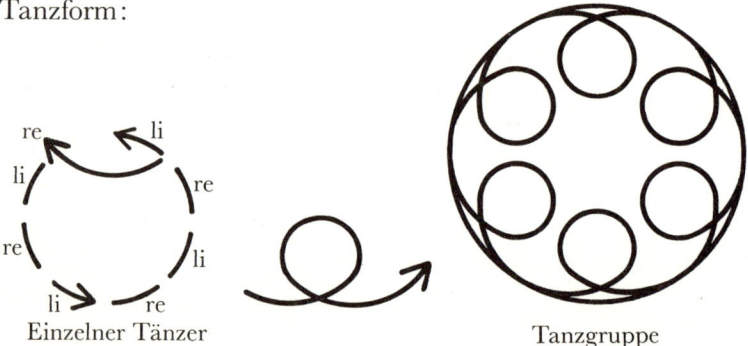

Einzelner Tänzer

Tanzgruppe

Didaktisches: Zunächst die kreisförmig getanzten acht Schritte üben. Der Tanz strahlt Fließendes und sanfte Harmonie aus.

Bedeutung: Der Tanz löst ein Glücksgefühl, Befreiung und Harmonie aus. Man könnte ihn auch zunächst tanzen, ohne ihm einen Namen zu geben und ihn anschließend gemeinsam benennen.

Dialog mit dem Kosmos (siehe auch Seite 69)

Quelle: *Chariots Of Fire*, Vangelis, Polydor, Nr. 2383602,
»Titles«, 1981

Position: auf der Kreislinie, Gesicht zur Mitte, übliche Handfassung

Schritte: vier Schritte zur Mitte (rechts, links, rechts, links);
vier Schritte mitsonnen, dabei den rechten Arm waagrecht zur Mitte strecken (rechts, links, rechts, links);
vier Schritte gegensonnen um sich selbst (rechts, links,
rechts, links);
vier Schritte auf der inneren Kreislinie angefaßt gegensonnen (rechts, links, rechts, links).
Weg dieser Schritte:

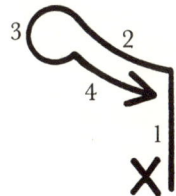

Vier Schritte gegensonnen auf der inneren Kreislinie,
dabei den linken Arm waagrecht zur Mitte strecken,
(rechts, links, rechts, links);
vier Schritte mitsonnen um sich selbst (rechts, links,
rechts, links);
vier Schritte angefaßt mitsonnen auf der inneren Kreislinie (rechts, links, rechts, links);
vier Schritte rückwärts aus dem Kreis (rechts, links,
rechts, links).
Weg dieser Schritte (spiegelbildlich):

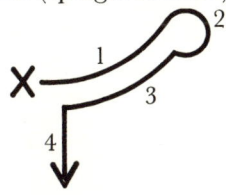

Jetzt steht man wieder an dem Punkt, von dem aus der
Tanz begonnen wurde.

Vier Schritte auf der äußeren Kreislinie mitsonnen (rechts, links, rechts, links);
vier Schritte gegensonnen um sich selbst (rechts, links, rechts, links);
vier Schritte gegensonnen auf der äußeren Kreislinie (rechts, links, rechts, links);
vier Schritte mitsonnen um sich selbst.
Weg dieser Schritte:

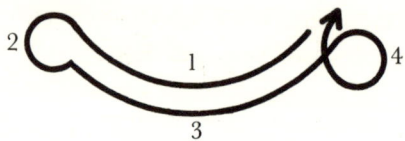

Vier Schritte gegensonnen angefaßt auf der äußeren Kreislinie (rechts, links, rechts, links);
vier Schritte mitsonnen um sich selbst (rechts, links, rechts, links);
vier Schritte mitsonnen auf der äußeren Kreislinie angefaßt (rechts, links, rechts, links);
vier Schritte gegensonnen um sich selbst.
Weg dieser Schritte (spiegelbildlich):

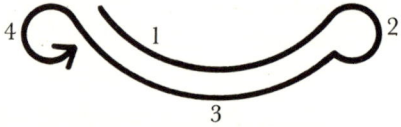

Vorspiel: leichte Trommeltöne, nach der ersten Fanfare, Auftakt zur zweiten Fanfare, dann beginnen.

Tanzform:

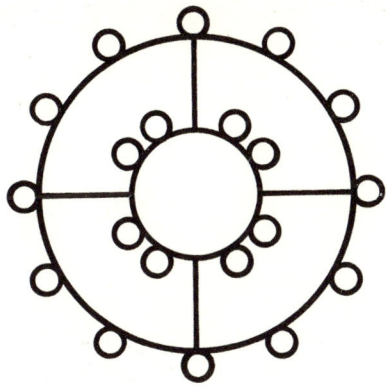

Weg von vier Tänzern

Didaktisches: Jede der vier Einheiten (Innenweg nach links
= gegensonnen, Spiegelbild, Außenweg nach links =
mitsonnen, Spiegelbild) einzeln genau üben, damit die
Tänzer ein gutes Gefühl für Raum- und Körperrichtung
bekommen. Besonders ist auf die in der richtigen Richtung ausgeführten Kreise um sich selbst zu achten. Im
allgemeinen wird angefaßt getanzt. Nur der Hinweg
nach links und rechts auf der inneren Kreislinie wird
unangefaßt getanzt, damit die jeweiligen Innenarme
zum Stern ausgestreckt werden können. Um sich selbst
tanzt man natürlich unangefaßt. Dieser Tanz ist für
Fortgeschrittene!

Bedeutung: Wie auf Seite 69 ff. beschrieben, soll die Verbundenheit mit allem Lebendigen und die Weite des Kosmos
ausgedrückt werden.

235

Abschied

Quelle: *Fantasia para un gentil hombre*, Joaquin Rodrigo (1902),
Philips, 6747430, Seite 4, zweites Stück, Teil a und c,
»Ricercare«, gespielt von Los Romeros, 1976

Position: auf der Kreislinie, Gesicht zur Mitte, übliche Handfassung
Die linke Schulter zeigt zur Kreismitte. Der linke Arm
wird angewinkelt, so daß der linke Unterarm nach oben
zum Körper zeigt. Auch die linke Hand wird angewinkelt, so daß die innere Handfläche nach oben zeigt.
Der rechte Arm wird ausgestreckt und die rechte Hand
sanft in die linke angewinkelte Hand des rechten Vordermannes gelegt.

Schritte: Dreierschritt: rechts, links, rechts; Tempo: lang,
kurz, kurz
Den ersten Schritt (rechts-lang) kann man so setzen, daß
man sich dabei etwas nach oben dehnt.
Eine Melodielänge geht man gegensonnen.
Beim Zwischenspiel wiegt man sich, am Platz stehend.
Die nächste Melodielänge geht man mitsonnen, wobei
der rechte Arm angewinkelt wird. Man beginnt immer
rechts.

Zwischenspiel: stehend seitlich wiegen, Arme nach unten, übliche Handfassung

Melodieteil: jeweils Richtungswechsel, gegen Ende der gesamten Musik Hände loslassen. Jeder Tänzer steht dann
für sich.

Tanzform:

Didaktisches: Zunächst wird die Arm- und Handhaltung geübt. Die Seite, die nach innen zeigt, ist auch die, auf der der Arm angewinkelt ist (linker Arm angewinkelt: gegensonnen, rechter Arm angewinkelt: mitsonnen). Sowohl beim Melodiebeginn als auch beim Wiegen im Stand immer zuerst nach rechts beginnen.

Bedeutung: Die lose Berührung der Tanzpartner deutet Abschied und Trennung an, ebenso wie der weite Abstand, der durch den ausgestreckten Arm entsteht. Das Wiegen am Platz, der Stillstand, deutet auch auf Abschied hin, ebenso wie das Loslassen am Ende des Tanzes.

Freude

Quelle: *Cicada*, Deuter, Kuckuck, Nr. 056, 1982, Seite B, erstes Stück

Position: auf der Kreislinie, Gesicht zur Mitte, übliche Handfassung

Schritte: vier Schritte gegensonnen, wobei der dritte und der vierte Schritt bereits zur Kreismitte gesetzt wird (rechts, links, rechts auf der Kreislinie, links an➜);
zwei Schritte gegensonnen (rechts, links →);
zwei Schritte rückwärts auf der äußeren Kreislinie (rechts, links↩).

Vorspiel: drei kurze Flötentöne und eine Melodielänge = acht Schritte

Tanzform:

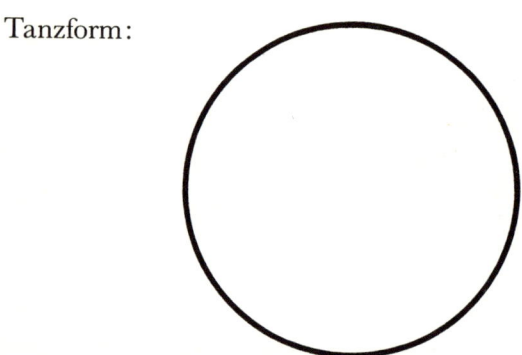

Didaktisches: Kann nach kurzem Üben gleich getanzt werden. Auch für Großgruppen geeignet.

Harmonie

Quelle: *Cicada*, Deuter, Kuckuck, 056, Seite B zweites Stück, 1982

Position: auf der Kreislinie, übliche Handfassung

Schritte: links setzt schräg vor rechts = großer Schritt,
rechts gerade zurück auf die äußere Kreislinie,
links hinter rechts = kleiner Schritt,
rechts vor auf äußere Kreislinie

Vorspiel: acht Schritte

Tanzform:

Didaktisches: Schrittfolge kurz üben, dann gleich tanzen. Auch für Großgruppe geeignet.

Bedeutung: Die einfache Schrittfolge (langsam vor, zurück und vor) und der Unterschied zwischen dem ersten lin-ken größeren Schritt und dem zweiten linken kleineren Schritt ermöglicht es den Tänzern, ihre Bewegung mit der Bewegung der Gruppe in Harmonie zu bringen.

Abendtanz (Kerzentanz)

Quelle: *Symphonie in G-Dur, Hob I Nr. 8, »der Abend«*, Haydn, Deutsche Grammophon, 2530591, 1975, »Menuetto« (dritter Satz)

Position: auf der Kreislinie, Gesicht zur Mitte, übliche Handfassung

Schritte: vier Schritte zur Kreismitte, etwas schräg nehmen, damit sich der Kreis gegensonnen entwickelt;
vier Schritte am Platz um die eigene rechte Schulter;
vier Schritte rückwärts aus der Kreismitte;
vier Schritte am Platz um die eigene linke Schulter

Tanzform:

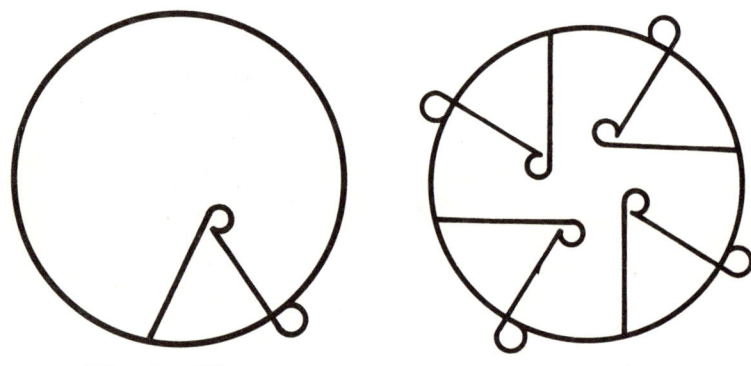

Weg eines Tänzers   Weg der Gruppe

Didaktisches: Das Gehen um die eigene, jeweils richtige Schulter soll geübt werden, da man sich zu diesem Tanzteil loslassen muß. Dieser Tanz eignet sich auch als Kerzentanz.

Bedeutung: Haydn nannte diese Symphonie »der Abend«. In dem Menuetto kommen einzelne Instrumente mit derselben Melodie zur Wirkung. So werden die einzelnen »Töne« der Abenddämmerung deutlich. Tänzerisch deuten die beiden kleinen Kreise um sich selbst die Richtung des Sonnenuntergangs und des Mondaufgangs an.

Goldene Räume

Quelle: *Legend*, Peter Howell, New World Cassettes 148, Seite
   A, 1987

Position: auf der äußeren Kreislinie, übliche Handfassung

Schritte: vier Schritte gegensonnen;
   zwei Schritte im Halbbogen in den Kreis;
   zwei Schritte im Halbbogen aus dem Kreis;
   rechten Fuß zurücksetzen und anheben;
   linken Fuß vor auf äußere Kreislinie und senken;
   rechten Fuß zurücksetzen und anheben;
   linken Fuß vor auf äußere Kreislinie und senken.

Vorspiel: Einige langgezogene Töne, dann etwa drei Takte
   mit vier Schritten

Tanzform:

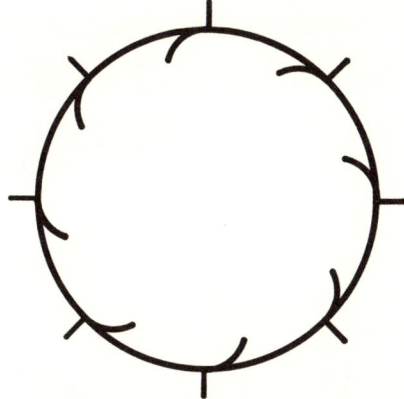

Geburtstagstanz

Quelle: *Actus Tragicus*, J. S. Bach, BWV 106, Harmonia Mundi, 1 C 065–99751, 1968, Kantate für vier Solostimmen, Chor, 2 Blockflöten, zwei Viola da gamba und Basso continuo

Musik und Text:
erster Teil: instrumentales Vorspiel
zweiter Teil: Sonata (Chor):
Gottes Zeit ist die allerbeste Zeit.
In Ihm leben, weben und sind wir, so lange Er will,
In Ihm sterben wir zu rechter Zeit, wenn Er will.

Position: auf der äußeren Kreislinie, übliche Handfassung

Schritte: *Erster Teil:* zwölf Einheiten Vorspiel;
langsam gegensonnen schreiten mit vier Schritten:
rechts, links, rechts, links;
rechts nach außen setzen, links auf Kreislinie;
rechts nach innen setzen, links auf Kreislinie.
Zweiter Teil (Chor): ein Ton Vorspiel; schnelleres Tempo:
»Gottes Zeit ...«: vier Schritte zur Mitte, Arme heben,
vier Schritte zurück, Arme senken (dreimal)
»In ihm leben ...«: rechts seit, links an (wiegend), langsam
gegensonnen vorankommend. Arme verschränkt (rechter Arm nach rechts, hinter den Rücken des rechten Partners; linken Arm überheben nach links)
»In ihm sterben ...«: vier langsame Schritte zur äußeren
Kreislinie zurück
»In ihm sterben ...«: rechts seit, links an, langsam auf
äußerer Kreislinie gegensonnen
»Wenn Er will«: stehen

Tanzform:

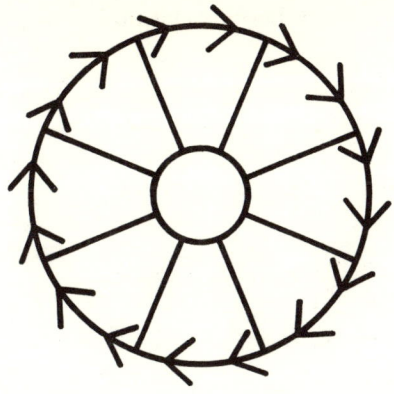

Didaktisches: Die Teile einzeln üben. Die Musik gibt den
jeweiligen Schrittwechsel an.

Tapetenwechseltänze

Quelle der Musik

Quelle: *The Source of Music*, Alap-Jetzer-Gruppe, Seite A,
zu beziehen über die Sri Chinmoy Gruppe, Zürich,
Friedensgasse 3, 1982

Position: auf der Kreislinie, Gesicht zur Mitte, übliche Handfassung

Schritte: rechts schräg vor, links an (zwei schnelle Schritte);
rechts schräg zurück, links an (zwei langsame Schritte);
rechts schräg zurück, links an (zwei schnelle Schritte);
rechts schräg vor, links an (zwei langsame Schritte).

Vorspiel: eine Melodielänge, sieben langsame Schritte

Tanzform:

Didaktisches: Der Tanz bewegt sich immer um die äußere
Kreislinie. Zunächst nur mit gleichmäßig kleinen, langsamen Schritten üben, dann nur mit gleichmäßig kleinen, schnellen Schritten. Erst dann den Wechsel von
zwei schnellen und zwei langsamen Schritten bringen.
Der Tanz eignet sich auch für eine Großgruppe. Man
braucht nicht viel Platz.

Sanftmut den Männern

Quelle: *Seht, welch ein Mensch,* Gruppe Gerhard Schöne, süd-
afrikanische Melodie, Platte vom 22. DEKT 1987, Broschüre *Lieder für Kirchentage* Nr. 111

Text: Sanftmut den Männern
1. Sanftmut den Männern!
Großmut den Frauen!
Liebe uns allen, weil wir sie brauchen.
2. Flügel den Lahmen!
Lieder den Stummen!
Träume uns allen, weil wir sie brauchen.
3. Ehrfurcht den Starken!
Mut den Gejagten!
Friede uns allen, weil wir ihn brauchen.

Position: auf der Kreislinie, Gesicht zur Mitte, übliche Handfassung

Schritte: vier Schritte gegensonnen (rechts, links, rechts,
links);
zwei Schritte vor (rechts, links);
zwei Schritte zurück (rechts, links).

Tanzform:

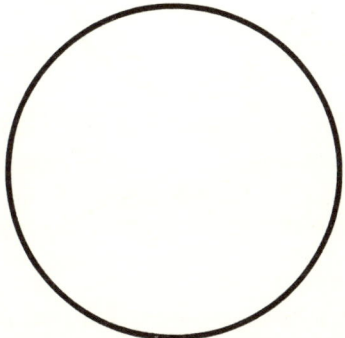

Didaktisches: Die Sequenz ist für Anfänger leicht zu erlernen,
und die Musik behält durchgehend ihren Rhythmus. So
kann man die Tanzform im Kreis, aber auch in der Polonaise gehen und damit die neue Situation und den Raum
begrüßen.

Matrosentanz

Quelle: *Die Mundharmonika, Instrumente der Welt*, Nr. 88147, Pläne Verlag, Dortmund, 1979, »L'homme de la Louisiane«

Position: auf der Kreislinie, Gesicht zur Mitte, rechte Hand mit angewinkeltem Arm so, daß der Daumen nach oben zeigt. Die linke Hand legt man in die rechte Hand des linken Nachbarn.

Schritte: Der linke Fuß zeigt immer mit Betonung zur Mitte, der rechte Fuß wird nachgezogen. So geht es acht Schritte gegensonnen, wobei auf dem achten Schritt eine Wendung in die entgegengesetzte Richtung gemacht wird. Nun acht Schritte mitsonnen, der rechte Fuß »stampft« mit Betonung zur Kreismitte, während der linke Fuß nachgezogen wird. Auf dem achten Schritt wieder Wechsel und weiter acht Schritte mitsonnen.

Tanzform:

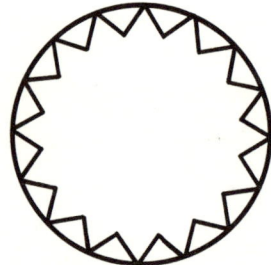

Didaktisches: Darauf achten, daß die betonten Schritte zur Mitte keine Anstrengung kosten, sondern leicht gesetzt werden. Auf dem jeweils achten Schritt wird der Richtungswechsel durch eine Körperwende um 180 Grad vollzogen.

Bedeutung: Die Musik zu diesem Tanz erinnert an Musik auf einer Messe oder einem Schiff. Er eignet sich als sogenannter Tapetenwechseltanz, dann also, wenn die Gruppe sehr intensiv meditativ getanzt hat und eine Belebung von außen braucht. Ebenfalls geeignet als »Eisbrecher« zu Beginn einer Tanzrunde, zum äußeren und inneren Warmwerden.

Nigunim 4

Quelle: *Nigunim – Zwölf chassidische (ostjüdische) Tanzweisen,* Fidula Verlag, Boppard, fon 3080, 1983

Position: auf der Kreislinie, Gesicht zur Mitte, übliche Handfassung

Schritte: rechts seit, links kreuzt vor rechts, rechts seit, links setzt hinter rechts, rechts auf Kreislinie, links vor, rechts zurück, links seit

Vorspiel: zwölf langsame Schritte

Tanzform:

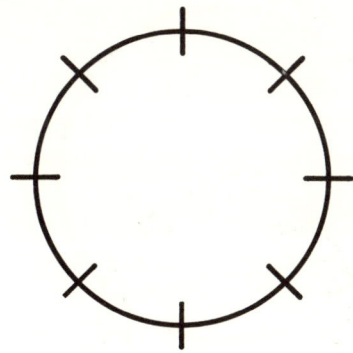

Didaktisches: Langsames Tempo wählen, damit die Schwingung in die jeweilige Richtung deutlich wird.

Bedeutung: Nigunim (Mehrzahl) bedeutet Lied, Weise, und wird insbesondere für tänzerische und textlose Gesänge der Chassidim verwendet. Der Chassidismus ist eine leibfreundliche religiöse Strömung des Ostjudentums, die uns in unserem Jahrhundert von Martin Buber wieder zugänglich gemacht wurde.

Nigunim 8

Quelle: *Nigunim – Zwölf chassidische (ostjüdische) Tanzweisen,* Fidula Verlag, Boppard, fon 3080, 1983

Position: auf der Kreislinie, Gesicht zur Mitte, übliche Handfassung

Schritte: rechts seit, links kreuzt vor rechts, rechts setzt und hüpft (zwei Schritte), links seit (kurz), rechts seit (kurz), links seit (lang)

Vorspiel: acht kurze Schritte

Tanzform:

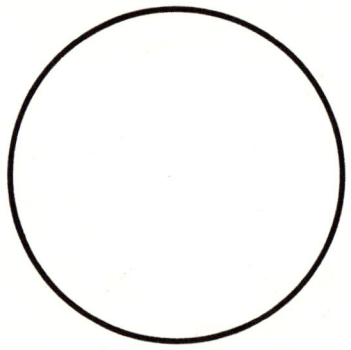

Didaktisches: Tempo beachten: Der erste Teil ist relativ schnell. Die seitlichen Schritte dann wiegend nehmen.

Bedeutung: Vergleiche Tanz »Nigunim 4«.

Südbrasilianischer Hirtentanz

Quelle: *Navidadau*, Fidula Verlag, Boppard, Nr. 13 (instrumentale Fassung), 1982

Position: auf der Kreislinie, Gesicht zur Mitte, übliche Handfassung

Schritte: viermal rechts vor, links an (rechts betonen);
viermal links zurück, rechts an (links betonen);
wiederholen;
viermal rechts seit, links an (rechts betonen);
viermal links seit, rechts an (links betonen);
wiederholen.

Tanzform:

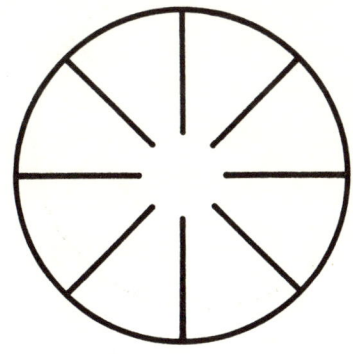

Didaktisches: Kurzes Vorspiel.
Nach der Musik zu oben angegebenen Schritten folgt zwischendurch Trommelmusik, wobei man viermal auf dem Platz stark betonte Schritte setzt.
Kurzes Vortanzen, dann gleich gemeinsam tanzen.

Bedeutung: Die Musik drückt viel Freude und Rhythmus aus. Man kann sich in die Hirten vor dem Feuer hineinversetzen.
Dieser Tanz muß nicht auf die Weihnachtszeit beschränkt sein. Hirten hüten das ganze Jahr hindurch ihre Herden.
Der Tanz ist geeignet, wenn Gruppen lange gesessen haben oder wenn wenig Energie in der Gruppe ist. Der Tanz erfrischt und belebt und ist nicht anstrengend.

Aufstieg (Kerzentanz)

Quelle: *Ascension*, Clifford White, New World Cassettes, NWC 113, 1985

Position: auf der Kreislinie, Gesicht zur Mitte, übliche Handfassung

Schritte: vier Schritte zur Mitte: rechts, links, rechts, links;
rechts zurück, links an; rechts vor, links an;
vier Schritte zurück: rechts, links, rechts, links;
rechts vor, links an; rechts zurück, links an;
zweimal: vier Schritte gegensonnen: rechts, links, rechts, links und rechts gegensonnen, links an, rechts zurück, links an.

Vorspiel: einen einzigen Schritt Vogelgezwitscher

Tanzform:

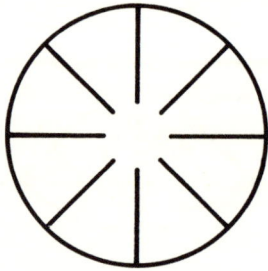

Didaktisches: Kann nach kurzem Üben mitgetanzt werden. Wenn dieser Tanz als Kerzentanz getanzt wird, halten sich die Tänzer nicht angefaßt.

Bedeutung: Die Musik wirkt wie eine Einladung, Aufforderung oder Begrüßung. Der Tanz kann daher gut als Einstieg in ein Projekt genommen werden.

Begrüßung innen und außen (Tuchtanz)

Quelle: *Trompete und Orgel*, Vol. 2, Maurice André, EMI, 1C
    065 1029541, 1978, »Trumpet Tune«, Stanley (1713–
    1786)

Position: auf der Kreislinie, Gesicht zur Mitte, übliche Hand-
    fassung

Schritte: drei Schritte in den Kreis (rechts, links, rechts) und
    einen vierten Schritt klein um die rechte Schulter; ↱
    drei Schritte aus dem Kreis (rechts, links rechts/vorwärts
    gehend) und einen vierten Schritt (links) klein um die
    linke Schulter. ↰
    Die ersten drei Schritte geht man angefaßt. Auf dem
    vierten Schritt läßt man jeweils los, um sich zu drehen.

Tanzform:

Didaktisches: Langsames Schreiten. Der Weg um die Schulter
    muß ganz sicher sein. Der Leiter muß jeden Tänzer be-
    obachten, ob er sich in der richtigen Richtung dreht. Da
    man sich nach jeweils drei Schritten losläßt, muß auf
    locker hängende Arme geachtet werden. Dann kann
    man sich nach dem vierten Schritt mühelos wieder anfas-
    sen. Darauf achten, daß die Tänzer aufrecht gehen und
    nicht auf den Boden schauen. Schön sieht es aus, wenn
    sich die Tänzer um beide Handgelenke Chiffontücher
    binden, die sich dann beim Tanz bewegen.

Bedeutung: Wenn die Tänzer nach innen gehen, begrüßen sie
    ihre Mittänzer, während sie den Raum und die Men-
    schen außerhalb der Gruppe grüßen, wenn sie nach
    außen gehen. Dadurch erhält der Tanz etwas Einladen-
    des und Motivierendes.

Venezianischer Gruß (Tuchtanz)

Quelle: *Misteriosa Venezia*, Rondo Veneziano, Baby Records,
208 616, 1987, Seite A, erstes Stück

Position: auf der Kreislinie, unangefaßt, in jeder Hand ein
Chiffontuch; nach Absprache in der rechten Hand jeweils ein dunkles, in der linken Hand ein helles Tuch;
falls man ohne Tücher tanzt, übliche Handfassung; Gesicht zur Mitte.

Schritte: vier Schritte zur Mitte und rechtes Tuch schwingen;
vier Schritte aus der Mitte;
vier Schritte zur Mitte und linkes Tuch schwingen;
vier Schritte aus der Mitte;
acht Schritte gegensonnen.

Vorspiel: zwölf Schritte

Tanzform:

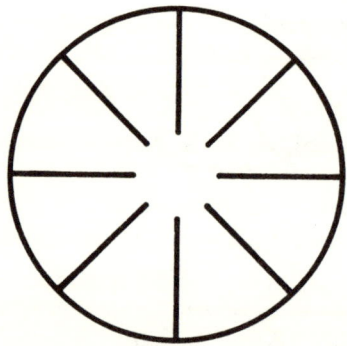

Didaktisches: Kein Üben notwendig. Der Tanz ist schön zu
tanzen und schön zu betrachten. Daher ist er auch als
Eröffnungstanz für ein Projekt zu verwenden.
Leichte federnde Schritte nehmen, dann ist das Tempo
nicht anstrengend. Mit Senioren kann man das Tempo
verlangsamen (auf zwei Einheiten einen Schritt) und
schreiten.

Ritualtänze

Kleine Blume

Quelle: *Land of Enchantment*, Deuter, Kuckuck, LC 2099, MC 081, 1988, Seite B, viertes Stück

Position: auf der Kreislinie, Gesicht zur Mitte, übliche Handfassung, oder mit Tüchern unangefaßt

Schritte: rechts schräg vor (zwei Einheiten), links an (eine Einheit), links seit (zwei Einheiten), rechts an (eine Einheit), rechts schräg zurück (zwei Einheiten), links an (eine Einheit), links seit (zwei Einheiten), rechts an (eine Einheit).

1)　2)　3)　4)

Dreivierteltakt, daher jeweils der erste Schritt in zwei Einheiten, schwingend, der zweite Schritt kurz angesetzt in einer Einheit.

Vorspiel: über längere Zeit helle Töne; einhören, bis die Melodie beginnt, nach eigenem Ermessen.

Tanzform:

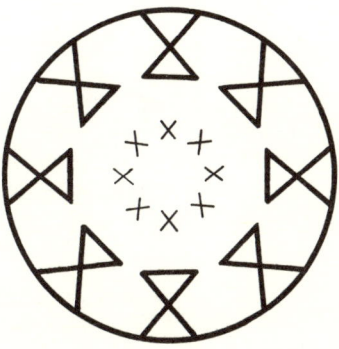

Bedeutung: Die Melodie und die behutsam schwingende Bewegung – fast auf dem Ausgangsplatz – sind geeignet, sich in das Erblühen einer Blume einzufühlen.

In die Mitte werden kreisförmig Blumen oder Blumen-fotos gelegt.

Nach dem Tanz kann sich jeder Tänzer eine Blume oder ein Foto wählen, mit diesem einen Dialog führen und danach in einem Gruppengespräch seine Erfahrungen darüber mitteilen.

Herbstritual

Quelle: *Prakash – Light – Licht,* Oliver Serano-Alve, Sattva Kunstverlag, München, »Garden of my soul«, 1986

Position: Jeder steht für sich auf der äußeren Kreislinie und hat ein Herbstsymbol aus der Natur (Kastanie, Zweig, Blatt) in der Hand.

Schritte: einfaches Schreiten, gegensonnen spiralig auf der äußeren Kreislinie. Gesicht und Körperfront zeigen dabei immer in Richtung gegensonnen (also nicht zur Kreismitte).

Didaktisches: Jeder geht so lange und in Ruhe, bis er zu seiner Zeit sein Herbstsymbol auf dem inneren Kreisband (Kreppapierstreifen, kreisförmig gelegt) ablegt. Dazu wählt er sich auch selbst seinen Ort auf dieser ausgelegten Kreislinie. Dann ordnet er sich auf der äußeren Kreislinie wieder ein und schreitet, wie bisher gegensonnen spiralig weiter, bis alle Mittänzer ihr Herbstsymbol abgelegt haben. Wenn die Musik leiser wird, setzt sich jeder dorthin, wo es ihn am meisten hinzieht.
Danach kann ein Gespräch über das Schreiten, das Herbstsymbol und den gefundenen Ort erfolgen.

Tanzform:

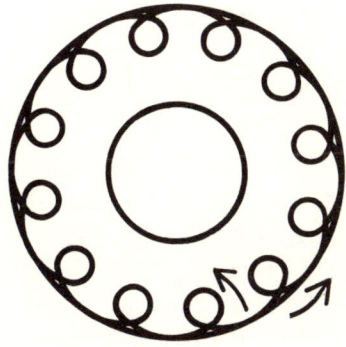

Innenkreis: ausgelegtes Band, auf das im Laufe des Tanz-Rituals die Herbstsymbole gelegt wurden

255

Adventsritual

Musik: Hirtenmusik von verschiedenen Weihnachtsplatten, auch Hirtenlandler, Andachtsjodler, Bauernmenuette, Stub'nstückl, Hirtenrufe; möglichst instrumentale Musik oder Singstimmen ohne Text

Position: Die Tänzer stehen oder sitzen am Rande des Tanzraumes.

Material: Die Tänzer haben grüne Zweige und Teelichter mitgebracht. Der Leiter hat quadratische Unterlagen aus Karton vorbereitet, auf die diese Zweige und Kerzen gestellt werden können.

Schritte: Einfaches Schreiten, entsprechend der Musik. Die Hirtenmusik ist meist im Dreivierteltakt, der ein leichtes, gleichmäßiges Gehen bewirkt.

Ablauf: Jeder Tänzer geht zu seiner Zeit in die aus Seilen oder grünem Kreppapier gelegte Spirale und legt seinen Zweig und sein Teelicht da ab, wo es ihm angemessen erscheint. Dies macht er aber erst, nachdem er bis zur Mitte der Spirale gegangen ist und sich wieder aus ihr herausbewegt. Es kann sein, daß sich Tänzer auf diesem Weg begegnen. Sie selbst klären dann, wie sie aneinander vorbeikommen und ob sie nonverbalen Kontakt aufnehmen möchten.

Tanzform:

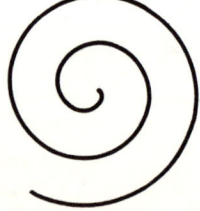

Didaktisches: Der Leiter muß dafür sorgen, daß jeder Tänzer sein Material hat. In Gegenwart der Tänzer legt der Leiter gemeinsam mit einem Teilnehmer die Spirale aus, wobei bereits Musik ertönt. So sind die Tänzer auf den Weg eingestimmt. Wenn alle Tänzer aus der Spirale hinausgeschritten sind, kann ein Gedicht gelesen werden, oder ein Gespräch über die gemachten Erfahrungen kann folgen.

Verabschiedungsritual

Quelle: *A Calmer Panorama*, Tim Wheater, Warner Bros Music, Imagemaker Sound & Vision, 1986, Nr. I M 200 1

Position: Jeder Tänzer steht für sich auf der äußeren Kreislinie und hat ein kleines Geschenk (beispielsweise eine kleine Kerze oder eine selbstbeklebte leere Streichholzschachtel mit einem darinliegenden Gedicht) in der Hand.

Schritte: vier Schritte zur Mitte vorwärts (rechts, links, rechts, links); vier Schritte aus der Mitte rückwärts (rechts, links, rechts, links).

Ablauf: Alle gehen gleichzeitig in die Mitte und wieder zurück und so weiter. Jeder legt zu seiner selbstbestimmten Zeit sein kleines Geschenk in die Mitte. Das Ritual dauert zwanzig bis dreißig Minuten. Am Ende setzen sich alle Tänzer an den äußeren Kreisrand. Dann holt sich jeder ein Geschenk aus der Mitte.

Tanzform:

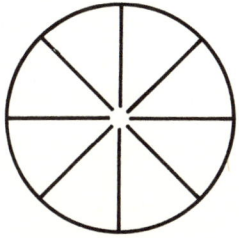

Didaktisches: Der Leiter sollte die Gruppe vor dem Ritual darauf vorbereitet haben, damit jeder Tänzer sein (wohlüberlegtes) Geschenk mitbringen kann. Bei diesem Geschenk geht es mehr um den symbolischen als um den materiellen Wert.

Bedeutung: Dieses Ritual eignet sich als Abschluß eines Gruppenlebens, wenn eine Gruppe längere Zeit gemeinsam gearbeitet hat und auseinandergeht.

Literatur

Argüelles, José und Miriam: *Das große Mandala-Buch*; Freiburg, 1984[3]

Baßler, Lydia: *Kirche für Kinder*; Mainz, 1984

Bauer, W./Dümotz, I./Golowin, S.: *Lexikon der Symbole*; München, 1987

Benedikt, Heinrich: *Die Kabbala* als jüdisch-christlicher Einweihungsweg; Freiburg, 1985

Berendt, Joachim-Ernst: *Nada Brahma*; Reinbek, 1985

Berger, Teresa: *Tanzt vor dem Herrn, lobt seinen Namen*; Mainz, 1985

Berger, Teresa: *Liturgie und Tanz*; Erzabtei St. Ottilien, 1985

Das bunte Boot, Freiburg, 1966[3]

Die Bibel. Einheitsübersetzung. Altes und Neues Testament, Freiburg, 1980

Betz, Otto/Schramm, Tim: *Perlenlied und Thomasevangelium*; Zürich-Einsiedeln-Köln, 1985

Bittner, Christine: *Der religiöse Ausdruckstanz*; München, 1982

Bonhoeffer, Dietrich: *Widerstand und Ergebung*; München, 1955

Brockhaus Enzyklopädie, Band 5, Wiesbaden, 1968

Charpentier, Louis: *Die Geheimnisse der Kathedrale von Chartres*; Köln, 1972

Chinmoy, Sri: *Musik zur Selbstverwirklichung*; Zürich, 1982[2]

Davies, J. G.: *Liturgical Dance*; London, 1984

Deharde, Tai F.: *Tanz – Improvisation in der ästhetischen Erziehung*; Bern/Stuttgart, 1978

Endres, Franz Carl/Schimmel, Annemarie: *Das Mysterium der Zahl*; Köln, 1985[2]

Feild, Reshad: *Ich ging den Weg des Derwisch*; Frankfurt, 1981

Frankfurter Tanzkreis, Broschüre Nr. 8; Langen, 1982

Gassert, Alfred: *Ein klingend Rad*; Lahr/Baden, 1952

Goes, Albrecht: *Gedichte*; Frankfurt, ohne Jahr

Götsch, Georg: *Geselliges Tanzbuch, Band 2: Tanzkanons*; Bärenreiter Ausgabe 1762, Kassel-Basel, ohne Druckjahr

Hamel, Peter Michael: *Durch Musik zum Selbst*; Bern-München-Wien, 1976

Heinz-Mohr, Gerd: *Lexikon der Symbole*; Düsseldorf-Köln, 1971

Hoffman, Kaye: *Tanz, Trance, Transformation*; München, 1984

Hollenweger, Walter J.: *Das Fest der Verlorenen*; München, 1984

Jung, C. G.: *Der Mensch und seine Symbole*; Freiburg, 1981[13]

Jungclaussen, Emmanuel: *Aufrichtige Erzählungen eines russischen Pilgers*; Freiburg, 1984[13]

Keller, Hiltgart L. (Hrsg.): *Reclams Lexikon der Heiligen und biblischen Gestalten*; Stuttgart, 1979[4]

Kent, Rush Anne: *Mond, Mond*; München, 1978

Klein, Petra: *Tanztherapie*; Suderburg, 1983

Lander, Hilda Maria: *Tanz und Religionspädagogik*; Informationen Nr. 17 des Frankfurter Tanzkreises, Langen, 1980/81

Lander, Hilda Maria/Zohner, Maria-Regina: *Meditatives Tanzen*; Stuttgart, 1987

Lassalle, Hugo Enomiya: *Leben im neuen Bewußtsein*; München, 1986

Legenda Aurea des Jacobus de Voragine, aus dem Lateinischen übersetzt von Richard Benz, Heidelberg, 1925

Lingerman, Hal A.: *Bewußt hören*; Haldenwang, 1984

Lurker, Manfred: *Der Kreis als Symbol*; Tübingen, 1981

Lurker, Manfred: *Wörterbuch der Symbolik*; Stuttgart, 1985[3]

Lurker, Manfred: *Wörterbuch biblischer Bilder und Symbole*; München, 1987[3]

Matthews, John: *Der Gral*; Frankfurt, 1981

Massa, Willi: (Hrsg.): *Die Höhle des Herzens*; Kevelaer, 1982

Melzer, Friso: *Anleitung zur Meditation*; Stuttgart, 1958[2]

Menge-Güthling: *Langenscheidts Großwörterbuch Lateinisch-Deutsch*; Berlin, 1981[21]

Moser, Bruno: *Bilder, Zeichen und Gebärden*; München, 1986

Neumann, Erich: *Die große Mutter*; Olten und Freiburg, 1987[2]

Nouwen, Henri J. M.: *Wohin willst du mich führen?*; Freiburg, 1983

Ostrander, S./Schroeder, L.: *Leichter lernen ohne Streß – Superlearning*; München, 1981

Ott, Marlis und Ulrich: *Rollenspielen, Mimen, Tanzen*; Basel, 1980

Purce, Jill: *Die Spirale*; München, 1988

Riedel, Ingrid: *Formen*; Stuttgart, 1985

Riemerschmidt, Ulrich: *Weihnachten, Kult und Brauch einst und jetzt*; Hamburg, 1962

Rilke, Rainer Maria: *Stundenbuch*; Leipzig, ohne Druckjahr

Rosenberg, Alfons: *Kreuzmeditation*; München, 1976

Rosenberg, Alfons: *Einführung in das Symbolverständnis* Freiburg, 1984

Scharf, Siegfried: *Das große Buch der Herzensmeditation*; Freiburg, 1979

Schmidt, Heinrich und Margarethe: *Die vergessene Bildersprache christlicher Kunst*; München, 1984[3]

Schneider, Waltraud: *Getanztes Gebet*; Freiburg, 1986

Schwarz-Winklhofer, I./Biedermann, H. (Hrsg.): *Das Buch der Zeichen und Symbole*; Graz, 1980

Sequeira, A. Ronald: *Spielende Liturgie*; Freiburg, 1977

Sequeira, A. Ronald: *Klassische indische Tanzkunst und christliche Verkündigung*; Freiburg, 1978

Silva, José: *Silva Mind Control*; Argenbühl-Eglofstal, 1983

Sorell, Walter: *Der Tanz als Spiegel der Zeit*; Wilhelmshaven, 1985

Sorell, Walter: *Aspekte des Tanzes*; Wilhelmshaven, 1983

Tanzchuchi; Zytglogge Werkbuch, Gümligen/Schweiz, ohne Druckjahr

Tegtmeier, Ralph: *Musikführer für die Reise nach innen*; Haldenwang, 1985

Urech, Edouard: *Lexikon christlicher Symbole*; Konstanz, 1985[5]

Villasenor, David: *Mandalas im Sand*; Haldenwang, 1975

Walter, Silja: *Tanz vor dem Herrn*; Zürich, 1974

Weinreb, Friedrich: *Zahl, Zeichen, Wort*; Weiler/Allgäu, 1986

Wood, Les: *Labyrinthe, Mandalas*; München, 1983

Wosien Bernhard: *Der Weg des Tänzers*; Linz, 1988

Wosien, Maria-Gabriele: *Tanz im Angesicht der Götter*; München, 1985

Wosien, Maria-Gabriele: *Sakraler Tanz. Tanzbeispiele mit Tonkassette*; München 1988
Zink, Jörg: *Dein Tod ist unser Leben*; Verlag am Eschbach, Eschbach/Markgräfler-land

Tonkassetten

Wosien, Bernhard; *Der Tanz als wortloses Gebet*; Aviva, Frankfurt, 1988
Die Meditation des Tanzes I; Aviva, Frankfurt, 1988
Die Meditation des Tanzes II; Aviva, Frankfurt, 1988

Register der Tanzbeschreibungen

Abendtanz (Kerzentanz)   240
Abschied   236
Adoramus Te Domine   99
Adventstänze   112
Adventsritual   256
Ährenfeld   179
Anbetung   89
Aufstieg (Kerzentanz)   250
Ave Maria (Kerzentanz)   223
Ave Maria, gratia plena   116

Bach-Gavotte   190
Bach-Wege   142
Baumtanz   198
Begrüßung innen und außen (Tuchtanz)   251
Begrüßungstanz   226
Bleibet hier   105
Bread of Life, The (Das Brot des Lebens)   96

Christe, Du Lamm Gottes   148
Christus ressurrexit (Taizé)   153
Confitemini dominum   102

Dank   230
Danket, danket dem Herrn   214
Der Mond ist aufgegangen   207
Dialog mit dem Kosmos   233
Die Hungrigen füllt Er mit Gütern (Bach)   191
Dona nobis pacem (Kerzentanz)   224
Drachenflug (Bändertanz)   182
Druidengesang (Tuchtanz)   98

Earth Grin (Das Lächeln der Erde)   194
Ehre sei dem Vater   90
Eistanz   186
Elfentanz   180
Erinnern   160

Freude   238
Frühlingstänze   170

Geburtstagstanz   242
Geistliche Tänze   80
Geleit, Das (Stabtanz)   164
Gelobt sei Gott im höchsten Thron   158
Getanzte Kirchenlieder   108
Glockengeläut im Prozessionsschritt (Kerzentanz)   87
Glück   232
Goldene Räume   241
Großer Gott, wir loben Dich   110

Halleluja   216
Halleluja (Kerzentanz)   88
Harmonie   239
Herbstritual   255
Herbsttänze   181
Herr, bleibe bei uns   212
Hoffnung (Haydn)   188

Ich steh an Deiner Krippen hier (Kerzentanz)   127
In der Zeit schreiten   231
In Dulci Iubilo   122
In einem krippfly lag ein kind   120
In meines Herzens Grunde   130

Jubilate Deo   220

Kanontänze   212
Kirschblütenzeit (Bändertanz)   172
Kleine Blume   253
Krippenlandler (Kerzentanz)   124

Komm her, freu dich mit uns   111
Kuckuck   176
Kyrie (Cardoso)   94
Kyrie (Palestrina)   92
Kyrie eleison   91
Kyrie I und Gloria I (Montserrat)   149

Laudate omnes gentes   100
Lebensrad (Molter)   189
Lerche   170
Lied der Erde   200
Liturgische Tänze   90
Lobet den Namen des Herrn: Halleluja!   84
Lobet und preiset ihr Völker den Herrn   221
Lob und Preis (Kerzentanz)   210

Magdalena (Brahms)   152
Maria durch ein Dornwald ging   118
Maria Magdalena   150
Marienhymne   125
Marsch des Todes (Stabtanz)   162
Matrosentanz   246
Miserere (Kerzentanz)   138

Nigunim 4   247
Nigunim 8   248
Nun komm, der Heiden Heiland (Kerzentanz)   108

Ode an die Freude (Kobialka/Beethoven)   154
O Haupt voll Blut und Wunden   144
Oh Christe Domine Jesu   104
Ostergesang im Mönchsschritt   145
Ostertänze   145

Passionstänze   130
Prozession mit Chorälen aus der Johannespassion   132

Quelle der Musik   244

Reigen seliger Geister   168
Ritualtänze   253
Rosenbeet   177
Rosette (Kerzentanz)   211

Sanctus aus der h-Moll-Messe von J.S. Bach   95
Sanftmut den Männern   245
Schneeschmelze   187
Segensgruß   227
Seligpreisungen   85
Sende dein Licht und deine Wahrheit   218
Sommertänze   177
Sonne   202
Spaziergang (Bach)   193
Spuren   197
Stabat Mater (Tuchtanz)   136
Sternentanz   204
Strahlen der Sonne   203
Streifzug durch die Wiese   174
Sturm   184
Südbrasilianischer Hirtentanz   249
Syt willekomen heirre krist   114

Taizé getanzt   99
Tanz der Fürbitte   86
Tanz der Oboe (Kerzentanz)   209
Tanz der Schneeflocken   185
Tänze für ältere Menschen   209
Tänze zu klassischer Musik   188
Tänze zu Themen aus der Natur   194
Tänze zu Themen des Lebens   226
Tänze zum Totengedenken   160
Tapetenwechseltänze   244
Tortanz   166
Trommler, Der   128

Ubi caritas   107

Vater Unser (Assisi)   83

Vater Unser (Kirchentag)   80
Vater Unser (russisch-byzantinisch)   81
Venezianischer Gruß (Tuchtanz)   252
Veni sancte spiritus   106
Verabschiedungsritual   257
Verkündigung an Maria   112
Vollmond   195

Weihnachtschoräle im Prozessionsschritt   115
Weihnachtskonzert nach Torelli (Kerzentanz)   126
Weihnachtstänze   120
Wellentanz (Tuchtanz)   206
Wind in den Bäumen (Tuchtanz)   181
Wintertänze   185
Wir wollen alle fröhlich sein   156

Yah Ribon   229

Verlag Hermann Bauer · Freiburg im Breisgau

Ingrid Ramm-Bonwitt

Mudras – Geheimsprache der Yogis

2. Auflage, 304 Seiten mit 10 Farbtafeln, 45 s/w-Abbildungen
und 240 Zeichnungen; gebunden; ISBN 3-7626-0325-1

Die Mudras scheinen ihren Ursprung im indischen Tanz zu
haben, der als Ausdruck höchster Religiosität gilt. Der Tanz, ein
Geschenk des Gottes Brahma, ist nach Ansicht der Hindus eine
Form des Gesanges mit dem Körper. Mit seinen Händen drückt
der indische Tänzer das Leben des Universums aus.
Die spirituelle Bedeutung der Mudras fand ihren vollkommenen
Ausdruck in der indischen Kunst. Die in der hinduistischen und
buddhistischen Kunst dargestellten Gesten der Gottheiten und
die Attribute, die sie mit sich führen, symbolisieren ihre Funktio-
nen oder rufen mythologische Begebenheiten wach.
Im tantristischen Ritual verbinden die Mudras den Meditieren-
den mit der göttlichen Welt. Die wichtigsten Hilfsmittel des Tan-
trismus für das Fortschreiten auf dem spirituellen Weg sind die
Mantrarezitationen, die yogischen Techniken der Visualisation
und die Anwendung der Mudras, der symbolischen Handgesten.
Ehrfurchtsgebietende Gottheiten oder Mandalas dienen dem
Tantriker als Visualisationsobjekte, durch deren Identifikation er
die Buddhanatur in sich zu erfahren vermag.
Durch die zahlreichen Fingerstellungen, die in diesem Buch abgebildet sind, vermag der Leser die Geheimsprache der Yogis zu
deuten. Mudras aus dem Hatha-Yoga ermöglichen es dem
Übenden, auch ohne Vorkenntnisse und persönlichen Lehrer,
positiv auf seinen Körper und Geist einzuwirken und sich in
einen bestimmten Bewußtseinszustand zu versetzen.

Verlag Hermann Bauer · Freiburg im Breisgau

Verlag Hermann Bauer · Freiburg im Breisgau

Achim Eckert

Das heilende Tao

Gesund im Gleichgewicht der fünf Elemente

105 Seiten mit 36 s/w-Abbildungen, kart. ISBN 3-7626-0365-0

Der taoistischen Philosophie und der Lehre von den fünf Elementen liegt eine Sicht der Welt zugrunde, die darauf gerichtet ist, die Zusammenhänge und Wechselwirkungen zwischen den einzelnen Phänomenen des Lebens zu erkennen und ihren Sinn zu verstehen. Die fünf Elemente des Taoismus sind Kräfte, Eigenschaften des Kosmos. Ihre Wirkungen werden in allen Naturerscheinungen sowie im Menschen selbst spürbar. Sind diese Kräfte im Gleichgewicht, dann sind Mensch und Natur gesund und in Harmonie. Ein Ungleichgewicht der Elemente hingegen äußert sich in Krankheit und Schwäche.

Fragen zum persönlichen körperlich-seelischen Befinden in bezug auf jedes der fünf Elemente vermitteln jedem Leser unmittelbare Einsicht in das Wirken dieser Kräfte in ihm selbst. Eine ehrliche Beantwortung dieser Fragen verschafft Klarheit über den persönlichen Umgang mit diesen Energien und das herrschende Maß an Gleichgewicht oder Ungleichgewicht. Liegt ein Ungleichgewicht in einem oder mehreren Elementen vor, findet der Leser einfache und auf die verschiedenen Bereiche abgestimmte geistige und körperliche Übungen, die – konsequent betrieben – die Ganzheit der Elemente in ihm und um ihn in ein harmonisches Gleichgewicht bringen.

Verlag Hermann Bauer · Freiburg im Breisgau

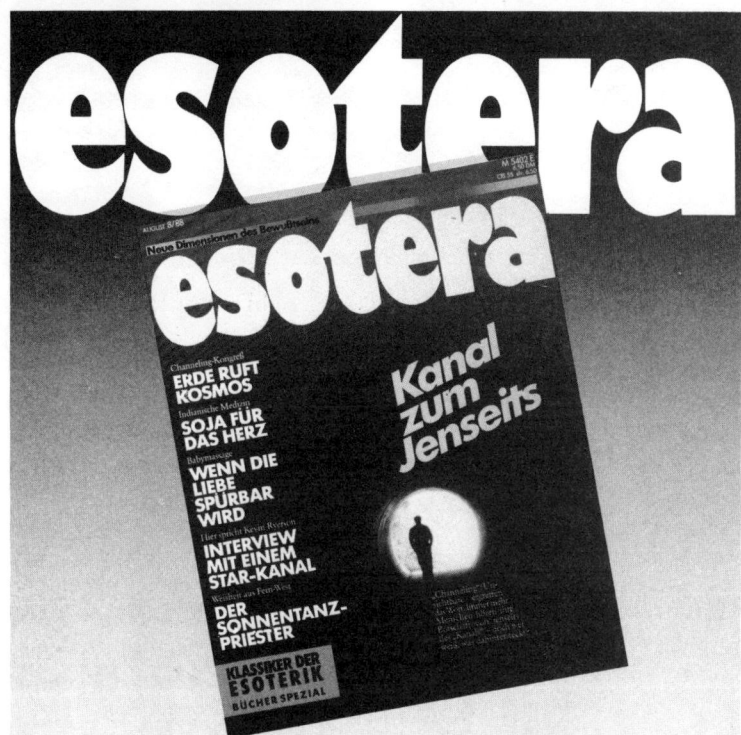